- 김충원 창의력 발전소 지음 -

아래 그림 속에는 모두 몇 개의 정사각형이
들어 있을까요?

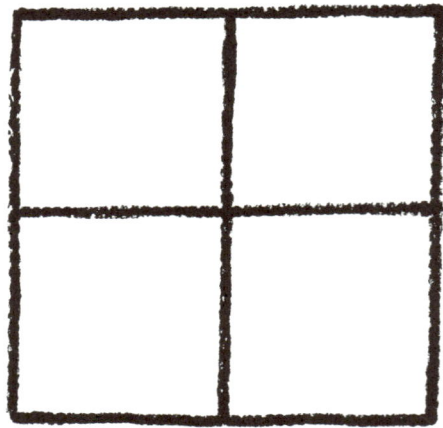

화살표부터 시작해서 ★표시까지 통로를 따라 한 줄로 선을 그어 보세요.
가장자리 선에 닿지 않아야 합니다.

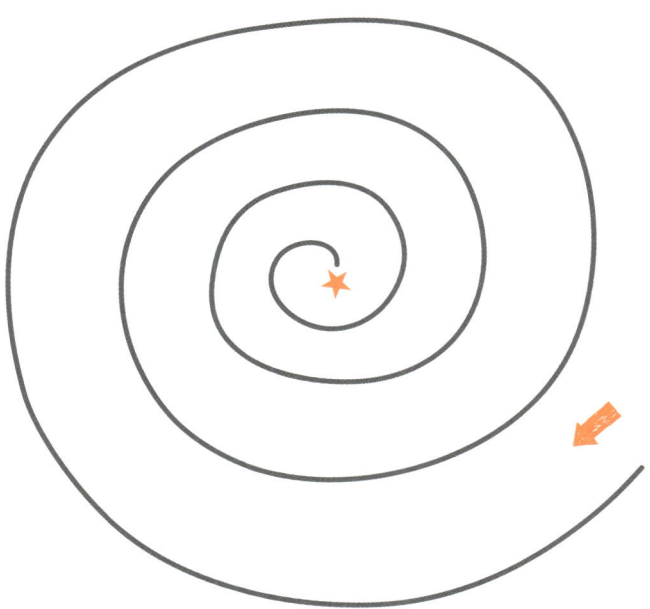

먼저 인사를 드리죠. 내 이름은 김충원. 지금부터 시작될 창의력 수업의 선생님이에요. 이렇게 만나게 되어 정말 반갑습니다. 앞에서 느닷없이 풀었던 두 개의 문제는 나와 함께 수업을 원만하게 진행할 수 있는지를 테스트해 본 일종의 자격시험이었어요. 안에 있는 네 개의 정사각형뿐만 아니라 테두리의 정사각형까지 다섯 개를 모두 볼 수 있었다면, 그리고 선에 닿지 않고 무난하게 선을 그을 수 있었다면 합격입니다.

그러나 안타깝게도 실패했다면 여러분의 두뇌와 손의 기능이 아직 충분히 성장하지 못했거나 마음 상태가 다소 불안정해 상당한 인내심과 고도의 집중력이 요구되는 이 수업을 감당하기에는 어려울 것으로 생각됩니다. 따라서 이 책을 책장에 곱게 꽂아 두었다가 다음에 다시 도전해 보는 것이 좋을 듯하네요. 기분이 살짝 나빠져도 어쩔 수 없어요. 이건 아직 어려서 놀이공원의 롤러코스터를 타지 못하는 것과 비슷하니까요.

자, 그럼 합격자는 이 수업을 성실하게 진행하겠다는 선서를 하겠습니다. 선서를 하고 자신의 이름을 써 넣으면 여러분은 나와의 약속, 그리고 자기 자신과의 약속을 한 셈이니 끝까지 약속을 지킬 수 있도록 최선을 다해 주세요!

선서!

나는 지구 상에 단 하나뿐인 특별한 사람입니다.
나는 누구와도 비교할 수 없을 만큼 소중한 사람입니다.
그리고 나는 다른 사람과 분명히 다른 창의적인 사람이 되고 싶습니다.
나는 나의 생각을, 나의 방식으로 표현할 수 있는 방법과
남다르게 생각할 수 있는 창의력을 키우기 위해 이 수업을 선택했고
굴하지 않는 도전 정신으로 최선을 다할 것을 선서합니다!

날짜 : _____

이름 : _____ (사인)

오리엔테이션

이 수업은 여러분의 머리와 눈, 그리고 손에 의해서 진행됩니다. 가장 먼저 글씨를 쓰고 그림을 그릴 도구를 준비하세요. 심이 얇은 수성 펜이나 0.5㎜ 혹은 0.7㎜ 샤프 연필이면 OK! 심이 굵은 마커 펜이나 잉크가 번지는 유성 펜, 미술용 연필이나 사인 펜 종류는 적당하지 않아요.

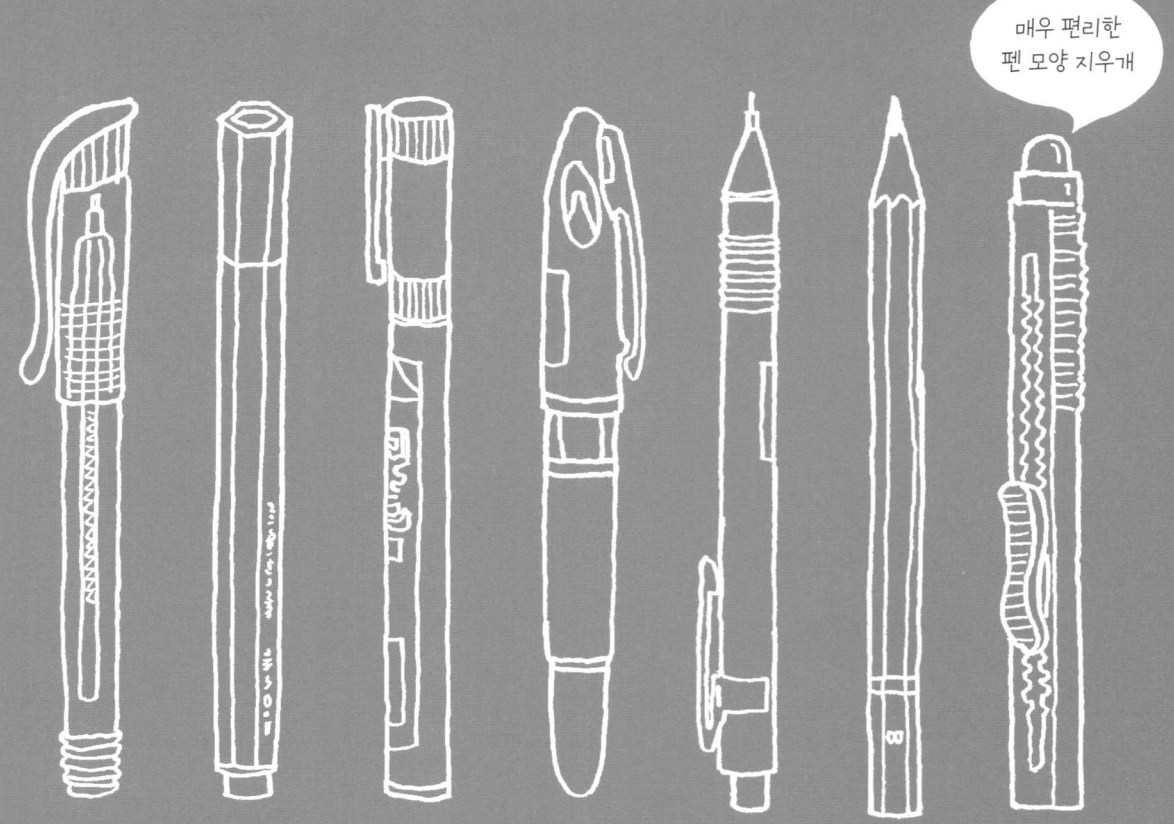

매우 편리한 펜 모양 지우개

긴장을 풀고 머리를 말랑말랑하게 해 주는 꼬불꼬불 선 긋기 연습입니다.

여러분이 선택한 도구가 손끝에서 어떻게 흔적을 남기는지, 그 느낌을 기억하세요.

글씨를 제외한 나머지 여백을 가득 채워 보세요.

※ 권장 소요 시간은 한 시간 정도입니다.

CREATIVE THINKING

과연 창의적인 생각이란 어떤 걸까요?
잘 모르겠다고요? 그렇다면 창의적인 생각의 반대말은 무엇일까요? 그것은 바로 누구나 할 수 있고 지금도 하고 있는 평범한 생각입니다. 이 생각을 반대로 뒤집으면 창의적인 생각의 의미도 알 수 있겠네요. 이 수업은 여러분의 생각을 좀 더 창의적으로 끌어올리는 데에 목적이 있으므로 수업을 시작하기에 앞서 여러분 스스로 평범한 생각으로부터 자유로워질 수 있는 마음 자세를 단단히 다져야 합니다. 가장 먼저 다른 사람들도 이 정도쯤은 얼마든지 생각해 낼 수 있다고 판단되는 아이디어는 과감하게 무시할 수 있어야 한다는 뜻입니다.

좋은 연습 방법이 있습니다. 일단 생각나는 대로 적어 보는 거죠.
예를 들어 '책의 쓰임새'라는 주제를 정하고 머릿속에 떠오르는 생각들을 두서없이 써 봅니다. 가장 먼저 생각난 다섯 가지는 틀림없이 누구나 생각해 낼 수 있는 평범한 아이디어입니다. 만약 스무 가지쯤 적을 수 있었다면 마지막에 적은 다섯 가지 가운데 하나가 바로 여러분이 아니면 생각해 내기 힘든 창의적인 생각일 가능성이 매우 높습니다. 누군가가 들었을 때 '어떻게 그런 생각을 할 수 있지?'라며 놀라게 되는, 그런 생각 말이죠.

비슷하지만 또 다른 질문 한 가지.
창의적, 혹은 창조적인 사람은 어떤 사람이고 어떤 특징을 갖고 있을까요?

나는 내 주변에 있는 작가와 디자이너, 건축가와 영화감독 등 다양한 일을 하고 있는 사람들을 대상으로 설문조사를 한 적이 있어요. 이들의 어린 시절에 어떤 공통점이 있는지, 특히 초등학생 시절을 어떻게 보냈는지 몹시 궁금했기 때문이죠. 그 결과를 공개하자면 가장 많은 공통점으로 호기심이 아주 왕성했으며 그 호기심이 지금까지도 유지되고 있다는 점이에요. 모든 창의력의 출발이 호기심이라는 말은 여러분도 들어 본 적 있을 거예요. 그런데 창조적인 호기심은 보통 호기심과는 조금 다른 점이 있어요. 보통 사람의 호기심은 그저 호기심에서 그치지만 창조적 호기심은 그 호기심을 해결하기 위해 노력하는 호기심, 즉 끝장을 보고 싶어 하는 호기심이라는 거죠.

궁금한 게 있으면 못 참는 친구들이 바로 창조적인 사람이에요.

참 쉽죠? 못 말리는 호기심과 함께 이들의 대부분이 공부를 썩 잘하지 못했다는 점과 어렸을 때부터 독서와 만화 같은 낙서하기를 좋아했다는 공통점도 발견했어요. 만약 여러분이 이 세 가지 공통점을 모두 갖고 있다면 앞으로 창의적인 인재로 성장할 수 있는 가능성은 100%라고 확신할 수 있어요. 눈을 뜨고 있는 동안에는 끊임없이 질문을 던지세요. 성적도 중요하지만 책을 많이 읽고, 남는 시간이 생긴다면 뭐든 끄적거리는 습관을 가지세요. 바로 여러분의 창의력이 이 세상을 좀 더 나은 세상으로 바꿀 수 있습니다.

내가 잘 쓰는 부정적인 말 가운데 대표적인 것 다섯 가지를 써 보세요.

(예 : 짜증 나, 나는 못해, 귀찮아, 보나마나 뻔하지 뭐 등등)

1.
2.
3.
4.
5.

창의력의 날개를 펼치는 데 가장 큰 걸림돌은 내가 쓰는 부정적인 말과 생각, 그리고 행동입니다.
반대로 긍정적인 말과 생각, 행동은 창의력을 키우는 데 가장 큰 도움을 줍니다.
지금부터 이 수업이 진행되는 시간만큼은 절대 위의 다섯 가지 말과 생각을 떠올리지 말아야 합니다.
다른 사람이 내 생각에 대해 야유를 하거나 비난을 할지도 모른다는 걱정도 하지 마세요.
스스로를 칭찬하는 데 익숙해질수록 알찬 수업이 이루어집니다.

문제 1 위에 그려진 아홉 개의 점을 직선 네 개로 이어서 연결해 보세요.
일단 선을 긋기 시작했으면 펜을 종이에서 떼지 말아야 합니다.
(힌트 : 공간을 넓게 사용하세요.)

문제 2 아홉 개의 점을 단 한 개의 직선으로 연결해 보세요.
(힌트 : 입체적으로 생각하세요.)

문제 3 단 한 개의 점으로 아홉 개의 점을 연결해 보세요.
(힌트 : 황당한 문제는 황당한 방법으로 해결하세요.)

GOOD IDEA!

1번 문제 정답은 아래와 같고

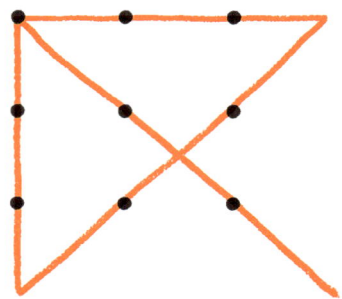

2번 문제의 경우에는 종이를 아코디언처럼 접어서 점을 한 줄로 만든 다음, 선을 긋는 게 정답이에요. 선생님이 생각하지 못했던 또 다른 아이디어가 있다면 아래 메일로 연락 주세요.
▶ Jinsunibook@naver.com

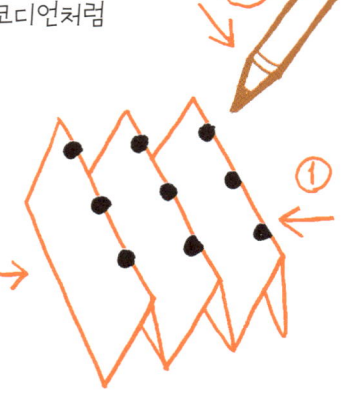

3번 문제는 아주 간단해요. 아주 큰 점을 그려서 작은 점 아홉 개를 덮으면 되니까요. 큰 점이 동그라미처럼 보이더라도 멀리서 보면 작은 점이고 아주 작은 점이라도 확대해 보면 엄청나게 큰 동그라미로 보이게 되죠.

세 가지 문제 모두 결코 쉽지 않은 문제였으므로 아마 한 문제도 맞히기 어려웠을 거예요. 그럼에도 불구하고 이 문제를 낸 이유는 굿 아이디어, 즉 창조적 해결 방법의 가장 좋은 예시이기 때문이죠. 콜럼버스의 달걀처럼 알고 보면 쉽지만 그것을 생각해 내기 위해서는 반드시 생각의 틀을 깨야만 해결할 수 있거든요. 나는 이것을 창의력의 제1법칙이라고 불러요.

김충원의 창의력 제1법칙
틀을 깨야 답이 보인다!

아래 상자 안에 우리말과 글을 전혀 모르는 외국인 친구가 내가 살고 있는 집을 찾아올 수 있도록 약도를 그려 주세요.

※ 모든 지도는 위쪽이 북쪽이고 오른쪽이 동쪽입니다.
　영어를 써넣는 것은 상관없고 큰길에서부터 시작하세요.

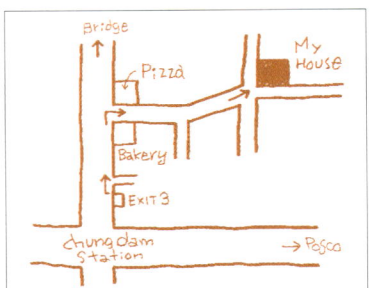

VISUAL THINKING

만약 방금 그린 약도를 글로 옮겨 써 본다고 가정을 해 보세요. 레고 상자 안에 들어 있는 조립 과정 그림을 글로 설명한다고 생각해 보세요. 때로는 단 한 장의 그림이 두꺼운 책 한 권보다 더욱 쉽고 정확하게 내용을 전달할 수 있어요.

조금 전 여러분은 자신이 살고 있는 곳의 약도를 그리면서 새로운 느낌을 경험했을 거예요. 약도를 그리려면 익숙했던 우리 동네를 하늘에서 내려다 봐야 하기 때문에 완전히 다른 시각적 경험을 하게 되거든요. 시각을 바꾸면 새로운 세상이 보이기 시작해요. 또 다른 경험은 막연했던 생각들이 그림을 그리는 과정이 계속되면서 조금씩 또렷해진다는 거예요. 머릿속에 떠오르는 생각은 뿌옇고 금방 사라지고 마는 이미지들이지만, 스케치를 하는 과정에서 애매했던 부분이 분명해지고 이미지를 캡처하듯 자신의 것으로 만들 수 있는 거죠. 아무리 뛰어난 아이디어라도 그것을 표현해 내지 못하면 아무런 의미가 없어요. 스케치는 아이디어를 붙잡고 또렷하게 만드는 마술과 같답니다. 나는 이것을 창의력의 제2법칙이라고 불러요.

김충원의 창의력 제2법칙
그림을 그리면 답이 보인다!

돌을 이용해서 할 수 있는 일들을 생각나는 대로 써 보세요.

(돌의 범위를 넓게 생각하세요. 보석도 돌이고 모래도 작은 돌이에요.)

1. 조각하기
2. 집 짓기
3. 정원 꾸미기
4. 물수제비뜨기
5. 운동 기구로 이용하기
6.
7.
8.
9.
10.
11.
12.
13.
14.
15.
16.
17.
18.
19.
20.
21.
22.
23.
24.
25.
26.
27.
28.
29.
30.

THE MORE THE BETTER

우리는 아이디어가 풍부한 사람을 부러워합니다. 그리고 그 사람은 원래 그렇게 태어났기 때문이라고 생각해 버리죠. 그런데 나와는 다른 사람이란 생각의 밑바닥에는 나는 정상적인 사람이고 그 사람은 비정상적인 사람이라는 의식이 깔려 있어요. 창의력은 비정상적인 사람이나 아주 특별한 사람의 전유물이 아니에요. 우리는 모두 창의력이라는 지적 능력을 비슷하게 갖고 태어납니다. 그러나 대부분 창의력을 끄집어내는 방법이나 요령을 알지 못하기 때문에 '부러워만 하는 사람'이 되는 거죠. 창의력의 핵심은 '생각의 폭'이라고 할 수 있어요. 앞의 문제에서 답을 30번까지 쓸 수 있었다면 틀림없이 생각의 폭이 넓은 사람이에요. 생각의 폭은 생각하는 습관에 따라 좁아지기도 하고 넓어지기도 합니다.

따라서 어떤 생각이건 늘 폭넓게 생각하는 습관을 들이면 아이디어가 풍부해질 수 있어요. 어떻게 하면 그런 습관을 가질 수 있느냐고요? 정답은 바로 '책'이에요. 책을 많이 읽을수록 세상에 대해 많이 알게 되고 남들보다 폭넓은 시각을 가질 수 있게 된답니다. 생각을 점점 넓혀 갈수록 아이디어가 점점 많아지고, 아이디어가 많아질수록 그 안에 진짜 좋은 아이디어가 숨어 있을 가능성도 높아진답니다. 그리고 많은 아이디어 가운데 나쁜 것을 걸러 내는 능력도 중요한 창의력의 일부죠. 나는 이것을 창의력의 제3법칙이라고 불러요.

> 김충원의 창의력 제3법칙
> **아이디어는 많을수록 좋다!**

창의력이란 다른 사람과 똑같은 것을 보면서도
뭔가 다른 것을 발견해 내는 능력이에요.
지금부터 여러분이 풀어 나갈 문제들은 모두 똑같지만
여러분이 무엇을 발견해 내고 생각해서 그것을 어떤 그림으로
풀어내느냐에 따라 완전히 다른 결과가 나타나겠죠.
정답이 없어서 더욱 재미있는 '창의력 스케치 노트'!
심장이 쫄깃해지는 아이디어 배틀이 지금부터 시작됩니다.
다 함께 외쳐 볼까요? 파이팅!

가장 먼저 그림으로 무언가를 나타내는 연습부터 시작합시다.

그림을 멋지게 잘 그릴 필요는 없어요. 왜냐하면 이 시간은 미술 시간이 아니거든요.
다만 내 생각을 정리하고 다른 사람에게 그림으로 이해시킬 수 있는 최소한의 요령은 익혀야
이 수업을 진행할 수 있답니다. 왼쪽 보기와 같이 가장자리 선을 따라 동그라미를 그려 보세요.

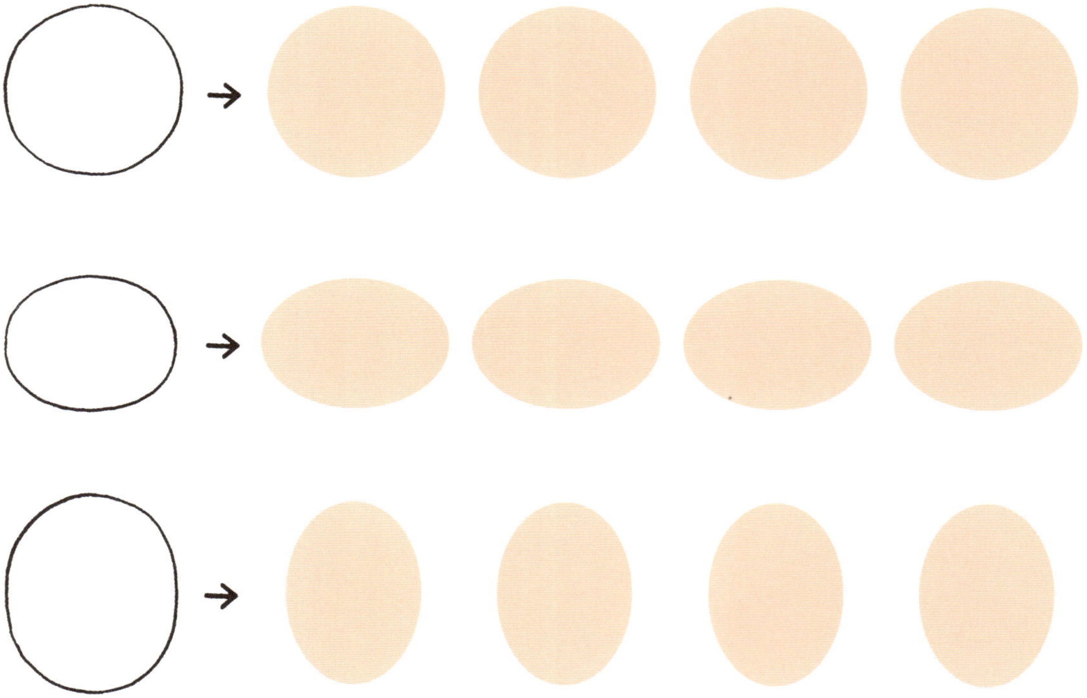

방금 그린 도형 안에 아래와 같이 이모티콘 표정을 그려 넣으세요.

여러 가지 도형을 그려 보세요.

윤곽선을 그린 다음, 왼쪽 보기와 같이 간단하게 그림자를 그려 넣으세요.

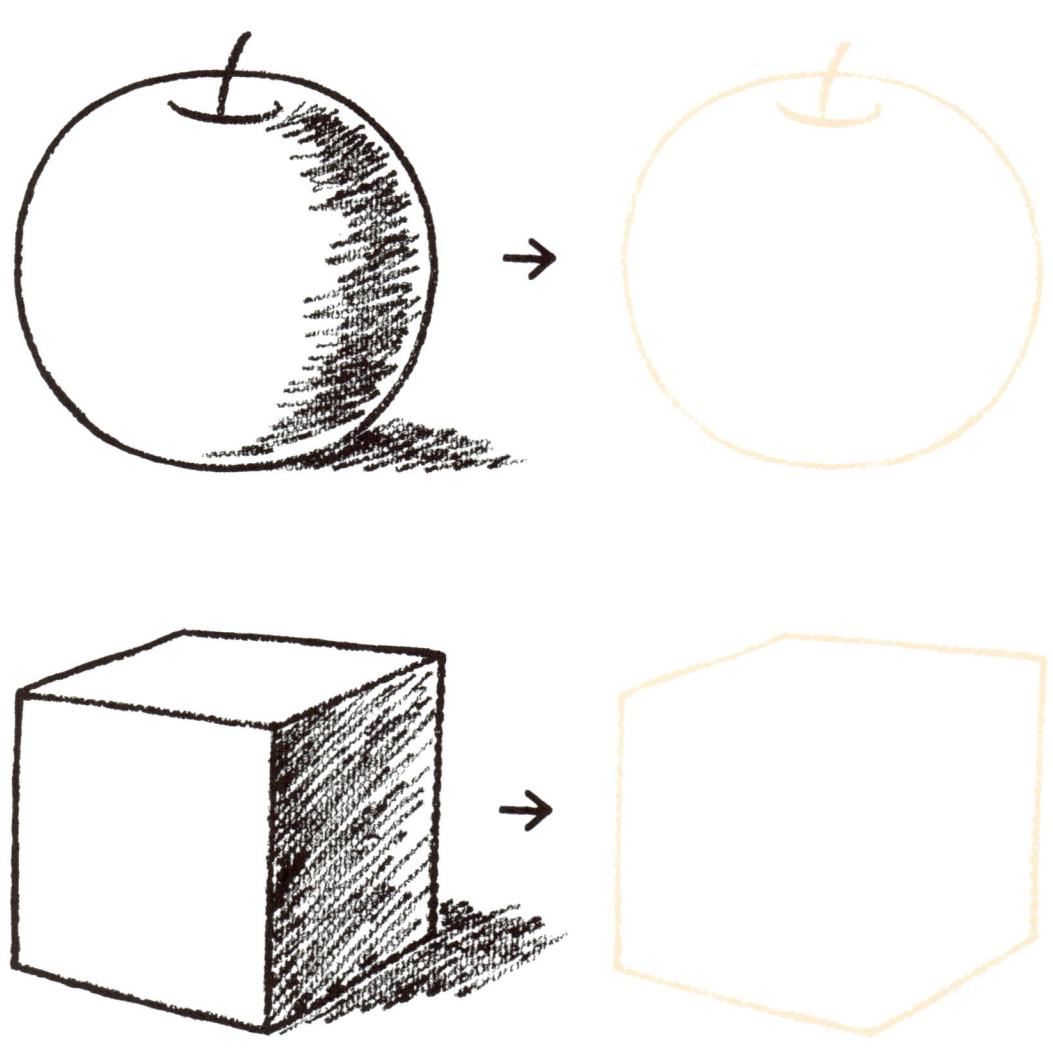

순서대로 그려 보세요.
쓱쓱 그려질 때까지 연습장에 연습 스케치를 해 보세요.

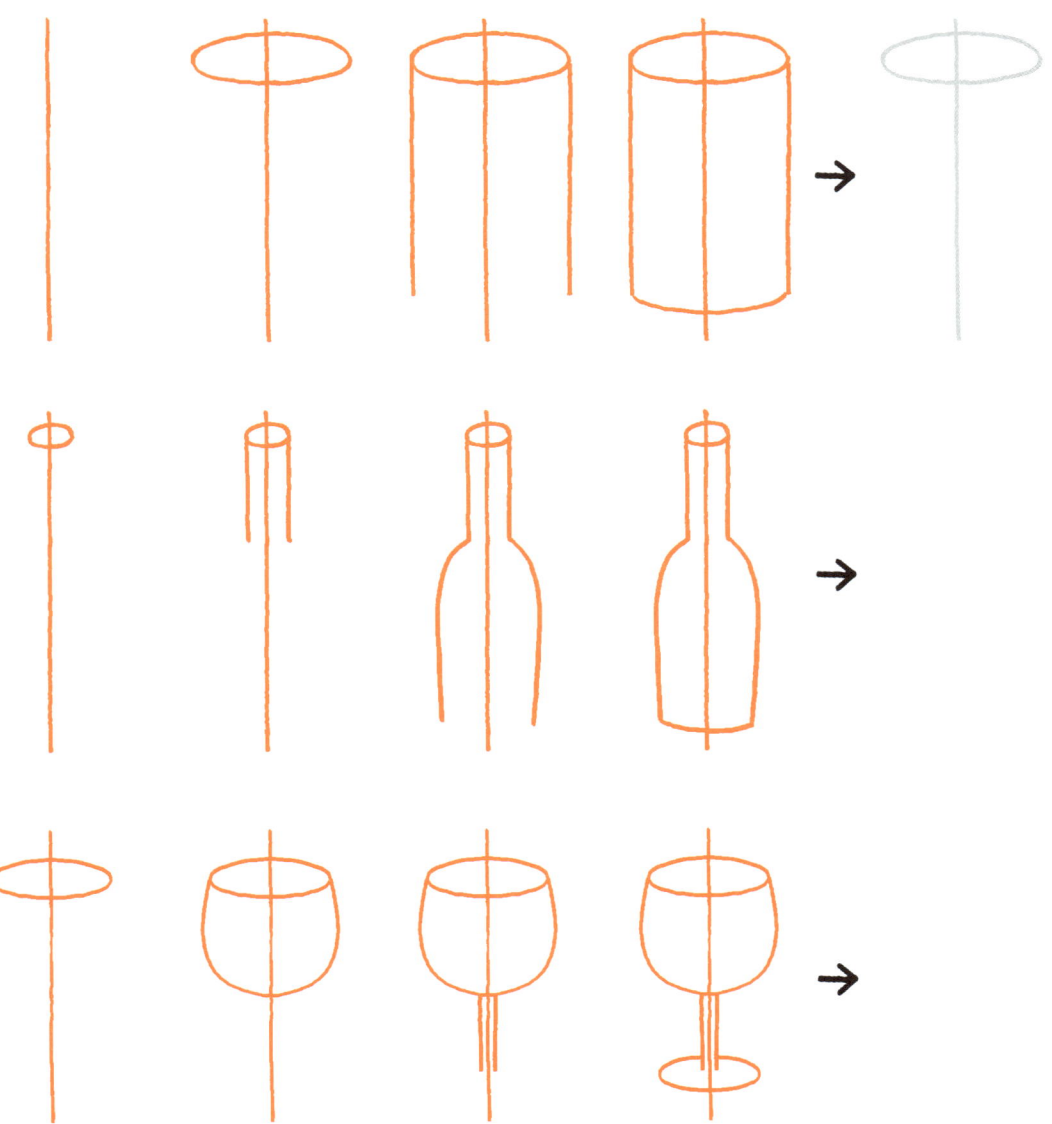

36 아이디어를 끌어내기 위한 가지 방법

1. 뒤집어 보기

2. 길게 늘여 보기

3. 구부려 보기

4. 작게 나눠 보기

5. 반복해 보기

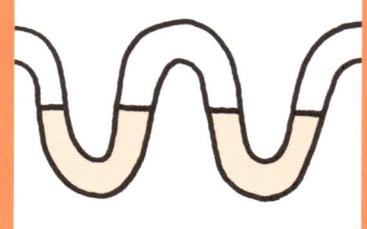

6. 입체로 생각하기

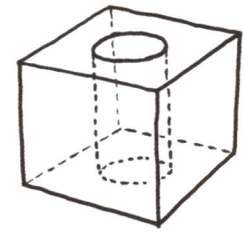

7. 색깔을 바꿔 보기

8. 가득 채워 보기

9. 텅 비워 보기

10. 그림으로 그려 보기

11. 뒤쪽에서 바라보기

12. 기울여 보기

13. 더해 보기

14. 빼 보기

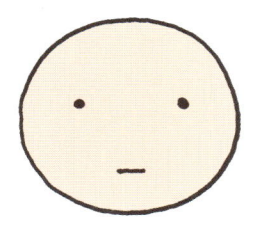

15. 꼬아 보기

16. 크게 확대해 보기

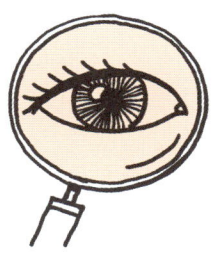

17. 작게 축소해 보기

18. 일부를 바꿔 보기

19. 재료를 바꿔 보기 	**20.** 안과 밖을 바꿔 보기 	**21.** 동그랗게 만들기 
22. 날카롭게 만들기 	**23.** 우습게 만들기 	**24.** 납작하게 만들기 
25. 개미가 되어 올려다 보기 	**26.** 새가 되어 내려다 보기 	**27.** 씌어 보기 

28. 다른 사람이 되어 생각하기

29. 아주 천천히 생각하기

30. 연관되는 단어를 쓰면서 생각하기

31. 복잡한 것일수록 나누어 생각하기

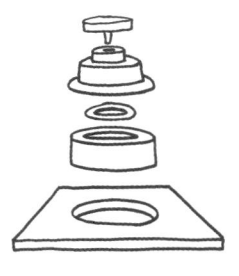

32. 똑같이 모방하면서 새로운 가능성 찾아내기

33. 잠들기 전에 생각하기

34. 화장실에서 생각하기

35. 처음으로 되돌아가 생각하기

36. 누군가에게 물어보기

아래 보기를 참고로 오른쪽 첫 번째 그림에 간단하게 곰을 그려 보세요.

왼쪽 보기와 똑같이 그려 보세요.

깔깔 웃는 곰을 그려 보세요.
(입 모양을 잘 그리세요.)

화가 난 곰을 그려 보세요.
(눈과 입 모양을 잘 생각하세요.)

울고 있는 곰을 그려 보세요.
(눈과 입 모양을 잘 생각하세요.)

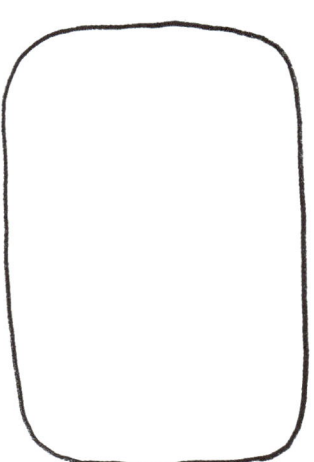

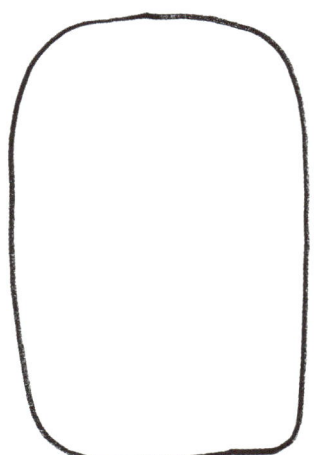

네모를 이용해 무엇이든 그려 보세요. 그림이 맘에 들면 색칠도 해 보세요.

이번에는 세모로 그려 보세요.

토끼가 친구 집에 놀러 가다가 무시무시한 몬스터를 만났어요.
몬스터가 토끼를 해치지 못하게 하려면 어떻게 해야 할까요? 그림으로 그려 보세요.

몬스터의 나머지 부분을 그린 다음 색칠해 보세요.

난 왼쪽의 바보 녀석보다 훨씬 더 무시무시한 몬스터라고!

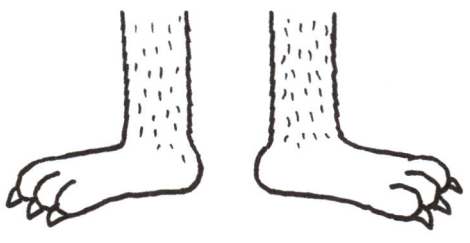

2515년 3월 27일
펭귄 별에 사는 펭구와 펭고가 우주에 소풍을 나왔다가
그만 길을 잃고 말았다. 펭귄 별로 돌아가는 것이 불가능해지자,
이들은 펭귄 별과 가장 비슷한 환경을 갖고 있는 별을 찾아 헤매다가
마침내 우주선의 자동항법장치를 지구에 맞추고 날아와
내릴 곳을 찾게 되었는데….

펭귄 외계인들이 도착한 곳을 창의적으로 생각해서 재밌게 그려 보세요.

동그라미를 이용해 생각나는 대로 그림을 그려 보세요.

반쪽짜리 동그라미로 그려 보세요.

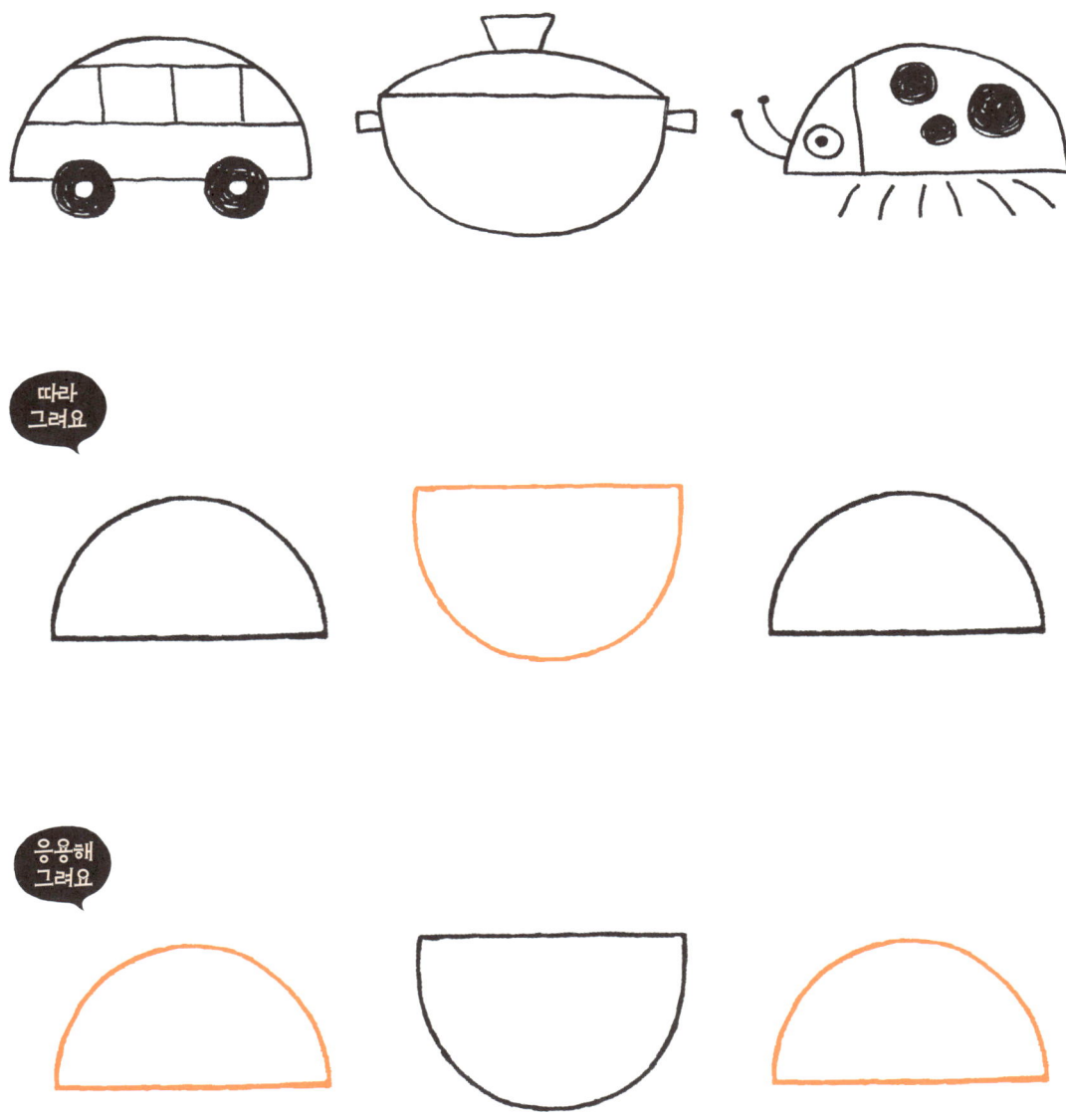

마름모꼴을 이용해 무엇이든 그려 보세요.

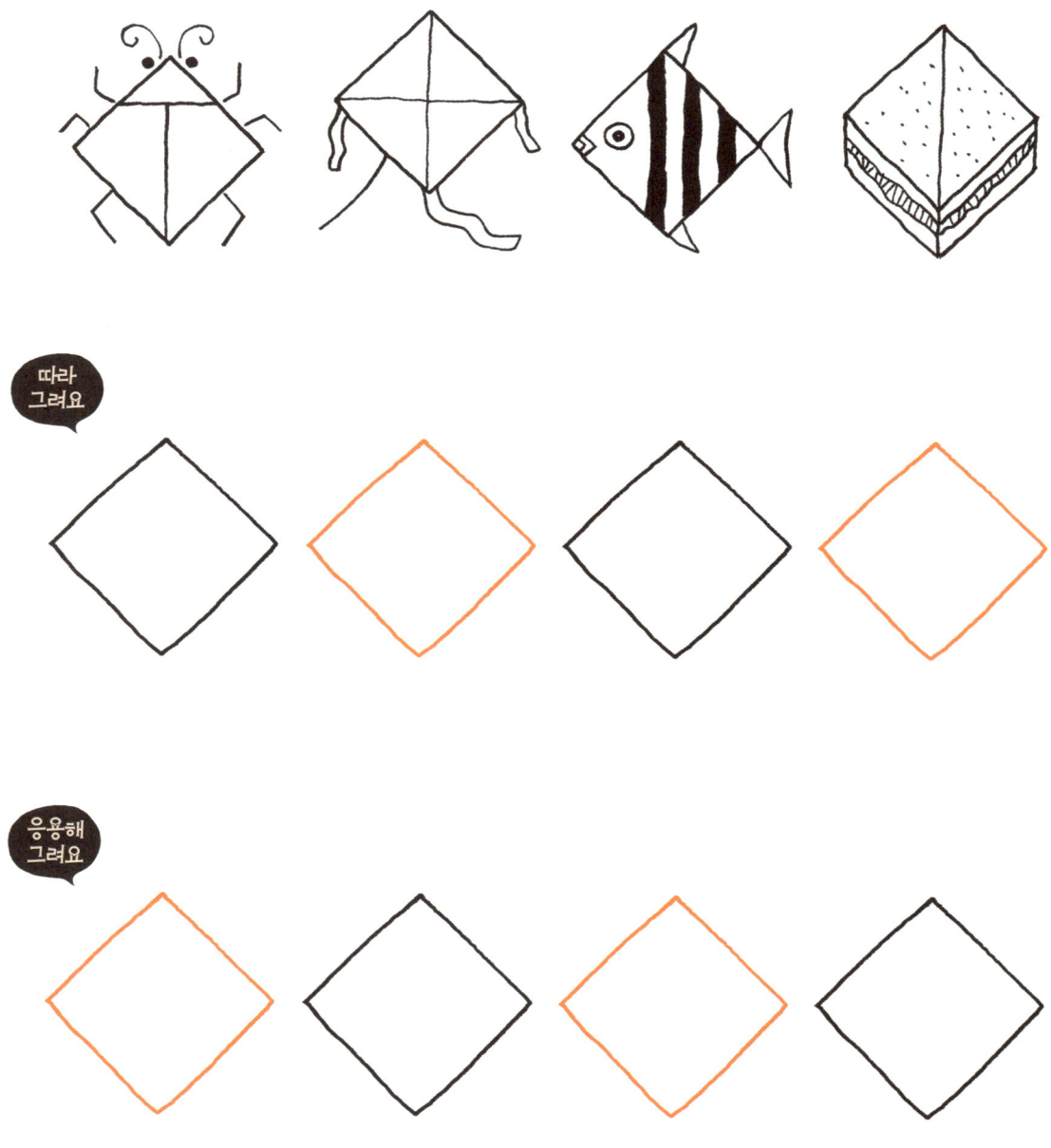

다양한 얼굴을 그려 보세요.

쉬었다 가는 페이지

문제를 해결해야 하는데 좋은 아이디어가 떠오르지 않습니다. 아무리 머리를 쥐어짜도 아이디어는커녕 머릿속이 하얘지는 느낌입니다. 이럴 때는 어떻게 해야 할까요? 열심히 노력한 만큼 좋은 아이디어를 얻는다면 참 좋겠지만 안타깝게도 그것은 불가능한 일입니다. 억지로 쥐어짤수록 스트레스만 심해질 뿐이죠. 지금 이 수업에 등장하는 문제들을 풀 때에도 마찬가지입니다. 막막한 느낌이 들 때는 가차 없이 쉬어야 합니다. 이 수업의 문제들은 순서가 그닥 중요하지 않으므로 그냥 다른 문제로 넘어가도 좋아요.

역사적으로 길이 남을만한 굿 아이디어들의 탄생 배경을 보게 되면 의외의 시간과 장소에서 튀어나온 것이 많답니다. 가장 많은 아이디어를 배출한 장소로는 1위가 화장실이고 2위가 목욕탕, 3위는 침실이에요. 재미있죠? 세 곳의 공통점은 우리가 가장 편안하다고 느끼는 장소들입니다. 정신이 또렷해질 필요가 없는 시간과 장소에서 좋은 아이디어가 쉽게 떠오르는 이유는 무엇일까요? 그것은 우리 두뇌에서 나오는 파장과 관련이 있어요. 살짝 졸리거나 나른한 느낌일 때 나오는 파장이 오른쪽 두뇌를 활성화해 창의력을 일깨우는 역할을 하는 거예요.

아이디어가 떠오르지 않는다면 화장실에 가서 앉아 보거나 샤워를 하세요. 그래도 효과가 없으면 침대에 누워 보세요. 곧바로 잠이 들어 버린다면? 어쩔 수 없죠, 내일로 미루는 수밖에….

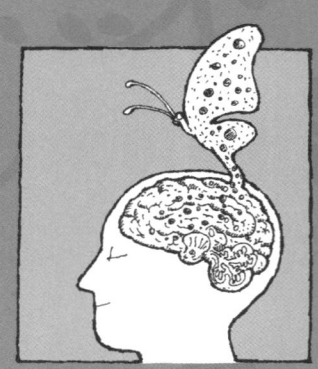

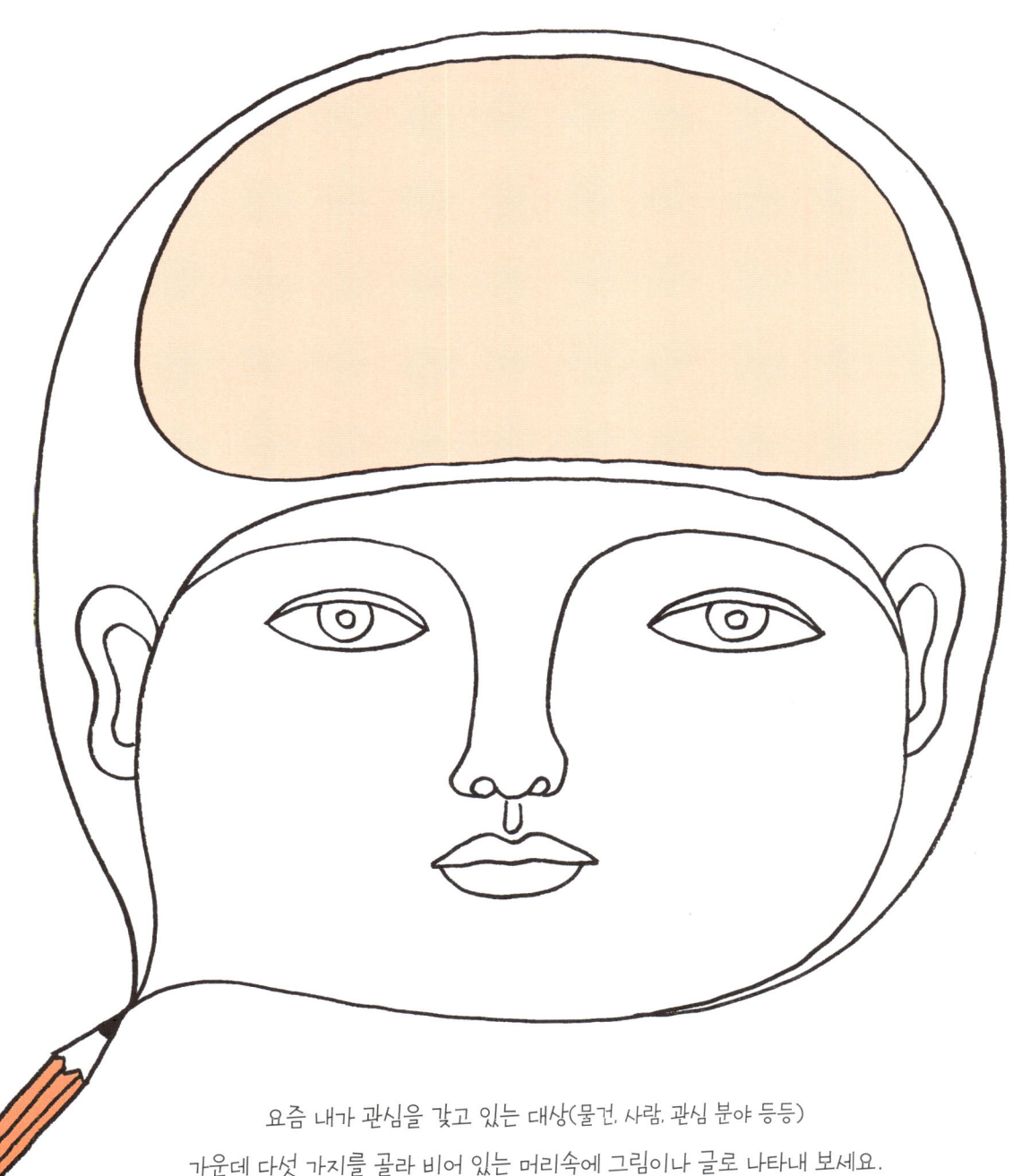

요즘 내가 관심을 갖고 있는 대상(물건, 사람, 관심 분야 등등)
가운데 다섯 가지를 골라 비어 있는 머리속에 그림이나 글로 나타내 보세요.

멍멍! 귀여운 강아지예요. 강아지 그림을 완성하고 색칠해 보세요.

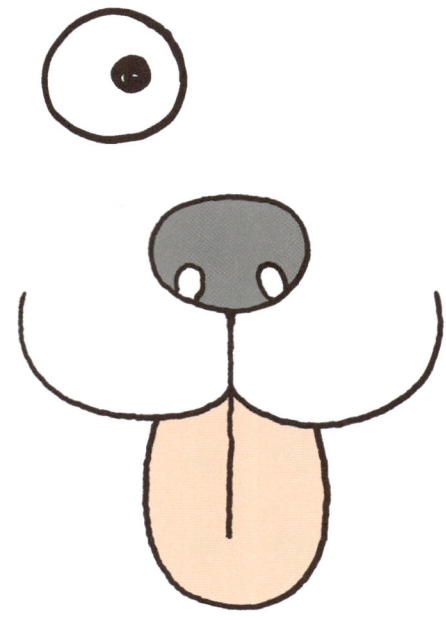

이것은 무엇의 입일까요? 나머지 부분을 창의적으로 그려 보세요.

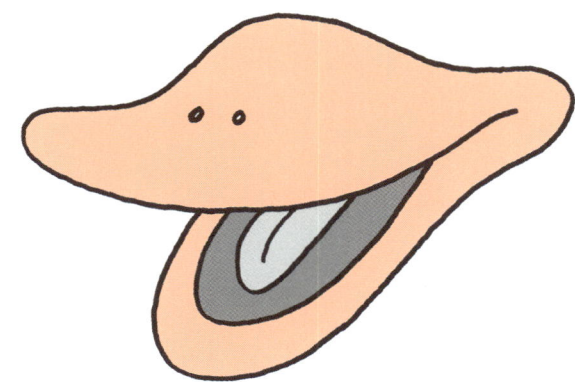

내가 좋아하는 대상을 적거나 그려 넣으세요.

싫어하는 대상을 적거나 그려 넣으세요.

꺼져 버려!

스트레스가 확 풀리겠는걸….

콩 모양으로 재미있는 그림을 그려 보세요.

땅콩 모양으로 재미있는 그림을 그려 보세요.

알을 깨고 나온 것은 무엇일까요?
창의적으로 생각해서 그려 보세요.

숫자 모양을 이용해 동물을 그린 아래 보기를 참고로
오른쪽 숫자에 선을 첨가해 재미있는 그림을 그려 보세요.

1 2 3

4 5 6

7 8 9

토끼가 강을 건너려고 배를 타고 가던 중 그만 노를 놓치고 말았어요.
앗! 그때 악어가 저 멀리서 다가오네요. 토끼가 악어 밥이 되지 않도록 도와주세요.

거미가 먹이를 잡을 수 있도록 거미줄을 완성해 주세요.

원숭이는 무엇에 매달려 있을까요?

여기에 매달려 있으면 어디든 갈 수 있어요!

코끼리 코 위에
무엇이 올라가 있을까요?

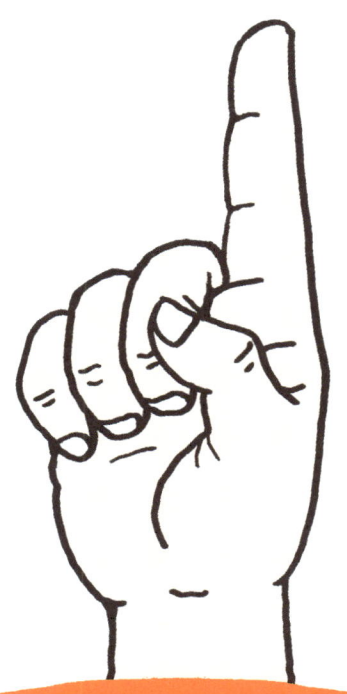

그렇다면 손가락 끝에는
무엇이 올라가 있을까요?
무언가 엄청난 것을 그려 보세요.

타조에게 예쁜 다리와 신발을 그려 주세요.

목이 마른 까마귀가 물병을 발견했어요.
그런데 물병 속에는 물이 절반밖에 들어 있지 않아서 마실 수가 없었어요.
까마귀는 돌을 하나씩 물어 와서 물병을 채우기 시작했어요. 돌을 가득 채우자 물이 넘쳐 올라 물을 맛있게 마실 수 있었다는 놀라운 창의력을 지닌 까마귀의 이야기예요.

돌을 채우는 방법 대신 까마귀가 물을 마실 수 있는 또 다른 방법은 없을까요?
그림으로 그려 보세요.

물고기들이 먹고 먹히는 바닷속 현장을 계속 연결해 그려 보세요.
뒤로 갈수록 점점 더 크게 그리면 좋아요!

아주 커다란 뱀이 무엇인가를 삼켰어요. 배 속에는 과연 무엇이 들어 있을까요?
배 안에 그림을 그려 넣으세요.

재미있는 일곱 가지 표정을 그려 보세요.
표정 그리기에 자신이 생기면 그림 그리기가 더욱 재미있어져요.

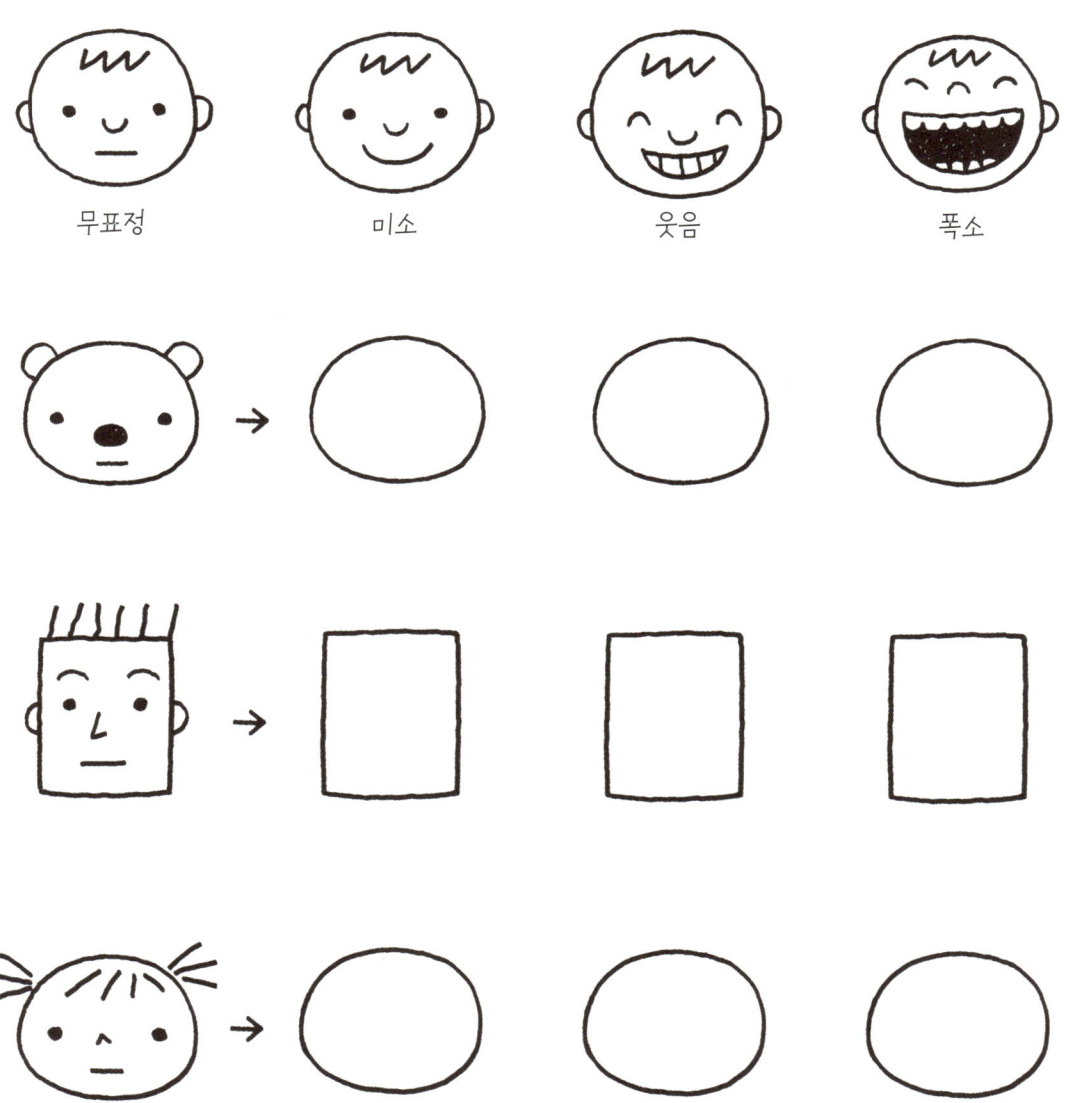

무표정   미소   웃음   폭소

계속해서 다양한 표정을 그려 보세요.
표정을 그릴 때는 거울을 보고 따라 그려도 좋아요!

졸림 　　　 슬픔 　　　 울음 　　　 분노

쉬었다 가는 페이지

나의 어렸을 적 이야기 한 토막. 초등학교 5학년. 난생 처음 반장 선거에 나가게 되었어요. 선생님께서는 모든 후보자에게 자신의 선거 공약을 써 와서 반 친구들 앞에서 발표하라고 하셨죠. 그 당시 나는 키가 작고 산만했으며 받아쓰기도 힘들어할 정도로 글쓰기를 싫어했을 뿐만 아니라 남들 앞에 나서서 자신 있게 말을 할 수 있는 용기도 없었어요. 그렇지만 반장을 꼭 한번 해 보고 싶다는 생각은 접을 수 없었어요. 왜냐하면 선생님의 심부름꾼 노릇이나 하며 학습 분위기를 해친다는 명목으로 늘 내 이름을 칠판에 써 놓는 힘센 반장이 몹시 싫었거든요.

내가 반장이 되면 절대 고자질 같은 것은 하지 않겠다고, 우리 반을 즐거운 반으로 만들고 싶다고 발표하고 싶었지만 글이 써지지 않았어요. 발표 전날. 어두운 내 표정을 간파한 엄마가 내게 꼬치꼬치 캐물으셨고 어쩔 수 없이 고민을 털어놓게 되었어요. 엄마가 말하셨어요. "네 방식대로 하렴, 넌 글은 잘 못쓰지만 만화는 잘 그리지 않니?" 나는 엄마의 의견대로 밤을 거의 새우다시피 해서 큰 종이에 칸을 나누어 '즐거운 우리 반'이라는 제목으로 만화를 그렸어요.

만화의 위력은 놀라웠어요. 새로운 형태의 공약 발표에 모두들 열광했고 나는 그렇게 내 평생 단 한 번뿐이었던 반장이 되었어요. 그날 이후 나는 어떤 일이건 소통에 문제가 생기면 그림을 그려서 설명하는 습관이 생겼답니다. 그 습관이 더욱 발전하여 40여 년이 지난 지금 그림으로 소통하는 전공을 선택하여 그 분야의 교수가 되었고 책을 만드는 작가도 되었다는, 나름 의미 있는 이야기지요?

말이 전혀 통하지 않는 나라를 여행할 때 가장 힘든 것 중의 하나가
식당에서 음식을 주문하는 거예요. 나는 말 대신 냅킨에 그림을 그려요.
만약 마늘을 넣은 닭튀김 요리를 먹고 싶을 때는 이런 식으로
그려서 보여 주면 전 세계 어디서든 통한답니다!

자, 이제 여러분이 주목할 차례예요.
세계 일주 여행을 준비하는 마음으로 정성껏 그려 보세요.

돈가스 햄버거

달걀과 햄을 넣은 샌드위치

달걀 프라이와 소시지

생선 바비큐

여행을 하다 보면 먹는 것뿐만 아니라 장소도 찾아야 할 때가 있죠?
장소는 어떻게 표현하면 좋을까요?

화장실

경찰서

PC방

장난감 가게

점을 연결해 아이스크림을 그려 보세요. 무슨 맛일까요?

계속해서 다양한 아이스크림을 만들어 보세요.

토끼 아이스크림

고양이 아이스크림

개구리 아이스크림

무당벌레 아이스크림

지렁이 아이스크림

곰 발바닥 아이스크림

내게 전혀 어울릴 것 같지 않은 희한한 모자를 그려 보세요.

지금까지 단 한 번도 본 적이 없는 괴상한 눈사람을 만들어 보세요.

자음 모양을 이용해 그린 아래 보기를 참고로
오른쪽 자음에 무엇이든 재미있게 스케치해 보세요.

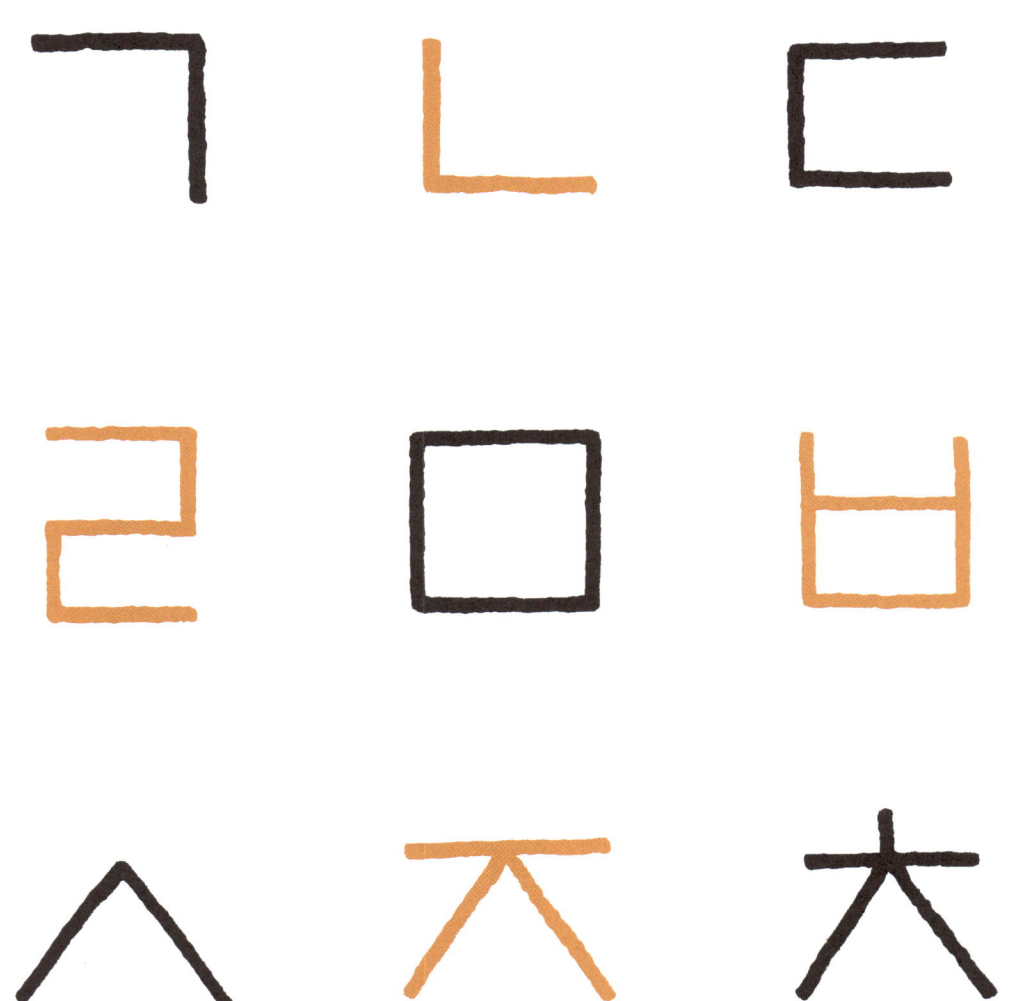

계단 모양을 이용해 재미있게 그려 보세요.

X자 모양으로 재미있게 그려 보세요.

크고 작은 두 개의 동그라미로 재미있게 그려 보세요.

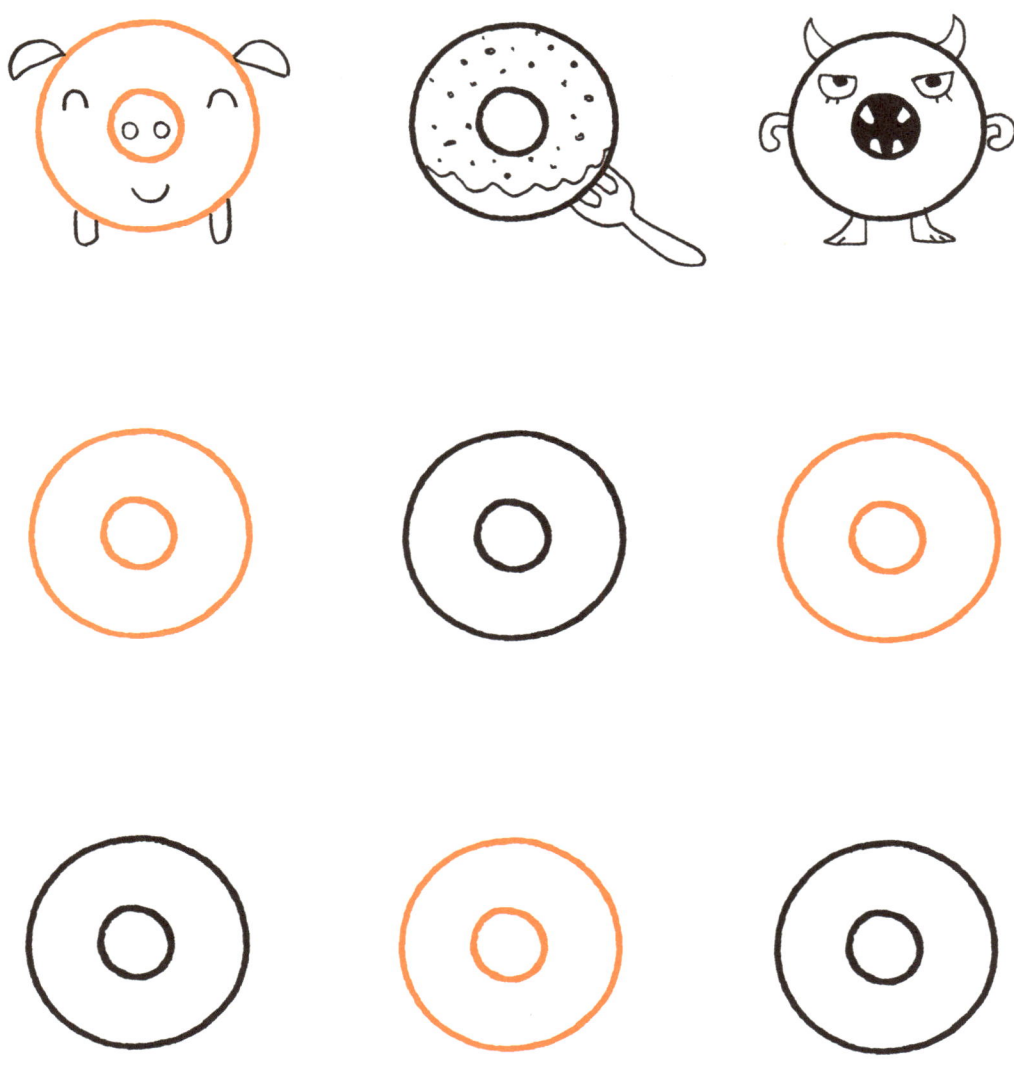

두 개의 작은 동그라미로 재미있게 그려 보세요.

왼쪽 작은 상자의 보기 그림은 오른쪽 큰 상자 그림의 일부분이에요.
왼쪽 작은 상자의 그림을 보고 상상해서 큰 상자에 그림을 그려 넣으세요.

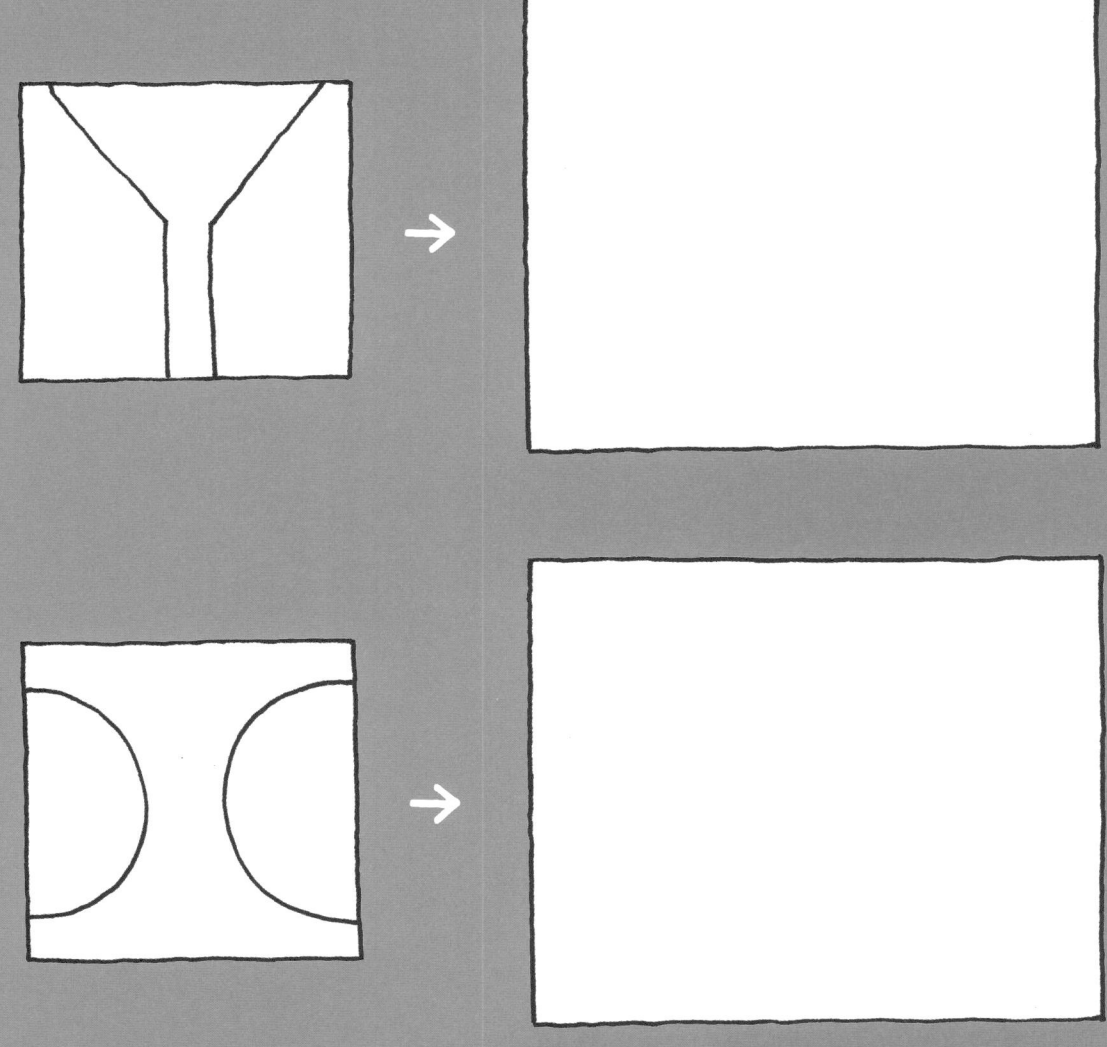

쉬었다 가는 페이지

나는 왜 생각이 안 떠오를까?

'나는 머리가 나쁜 걸까? 생각은 있는데 그림이 안 그려지는 이유가 뭘까?' 등등으로 고민하는 친구들이 많을 거예요. 우리가 학교에 가서 공부를 하는 이유는 모르는 것을 배우고 깨닫기 위해서 인 것처럼 이 수업을 하는 이유도 마찬가지예요. 창의력이란 경험과 훈련이 반복되며 아주 조금씩 쌓여 가는 응용력이라고 할 수 있어요. 경험과 훈련이 아직 충분하지 않다면 당연히 응용력이나 표현력이 부족하기 마련이죠. 생각이라는 것은 고정되어 있는 게 아니라 잠깐 나타났다가 금방 사라지고 말아요. 그래서 생각이 도망가지 않도록 붙잡아 두는 훈련이 꼭 필요한 거죠. 생각이 떠오르면 그 즉시 쓰거나 그리는 겁니다.

스케치 노트와 연필을 늘 곁에 두고 '나타나기만 해 봐라' 하는 식으로 기다렸다가 생각이 나타나는 순간 붙잡아야 해요. 쓰고 그리다 보면 희미했던 생각이 또렷해지고 엉성했던 아이디어가 조금씩 그럴듯한 아이디어로 발전합니다.

종이에서 펜을 떼지 않고
선을 그어 실 뭉치처럼 만드세요.

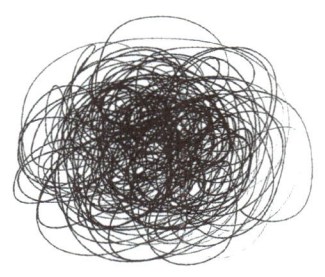

아무 생각 없이 끼적거리기
시작해서 5분 정도 계속
하다 보면 시커먼
덩어리가 만들어집니다.

점점 덩어리를 키워 나가면서 머릿속에 어떤 형태를 떠올리세요.
그리고 그 형태에 가까워지도록 조금씩 덩어리에 형태를
덧붙여 가는 거죠. 어느 정도 원하는 형태가 만들어지면
끼적거리기를 멈추고 수정 펜으로 두 눈을 그린 다음,
볼펜으로 눈동자를 그려 넣으면 독특한 그림이 완성됩니다.
이 고양이 그림은 20분 정도 걸렸어요.

여러분이 도전해 볼 차례예요. 이 실타래는 자라서 무엇이 될까요?

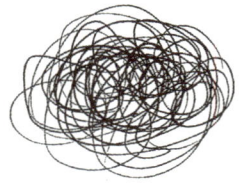

한 번 더 시도해 보세요.

조금 전 마음먹은 대로 그려지지 않았다면 그 원인이 무엇인지 생각하면서 다시 한 번 그려 보세요.

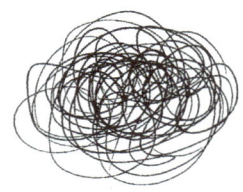

지금부터 내가 개인적으로 가장 좋아하는 옷 그리기 스케치 게임을 시작할게요.
직업이나 상황에 가장 잘 어울리거나 필요한 옷을 그리고 색도 칠해 보세요!

어떤 옷을 그릴지 모르겠으면 인터넷으로 찾아보세요.

저는 국가대표 축구선수예요.

피겨 선수랍니다.

배드민턴 선수예요.

몬스터의 나머지 부분을 완성해 보세요. 스케치가 끝나면 색깔도 칠해 보세요.

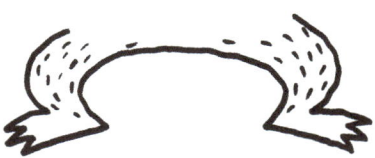

이번에는 내가 두 번째로 좋아하는 스케치 게임이에요.
이 게임의 제목은 '이 세상에서 가장'이라고 부르죠. 재미있게 그려 보세요.

이 세상에서 가장 작은 코끼리

이 세상에서 가장 큰 개미

이 세상에서 가장 날씬한 하마

이 세상에서 가장 뚱뚱한 기린

이 세상에서 가장 긴 뱀

이 세상에서 가장 못생긴 토끼

이 세상에서 가장 예쁜 몬스터

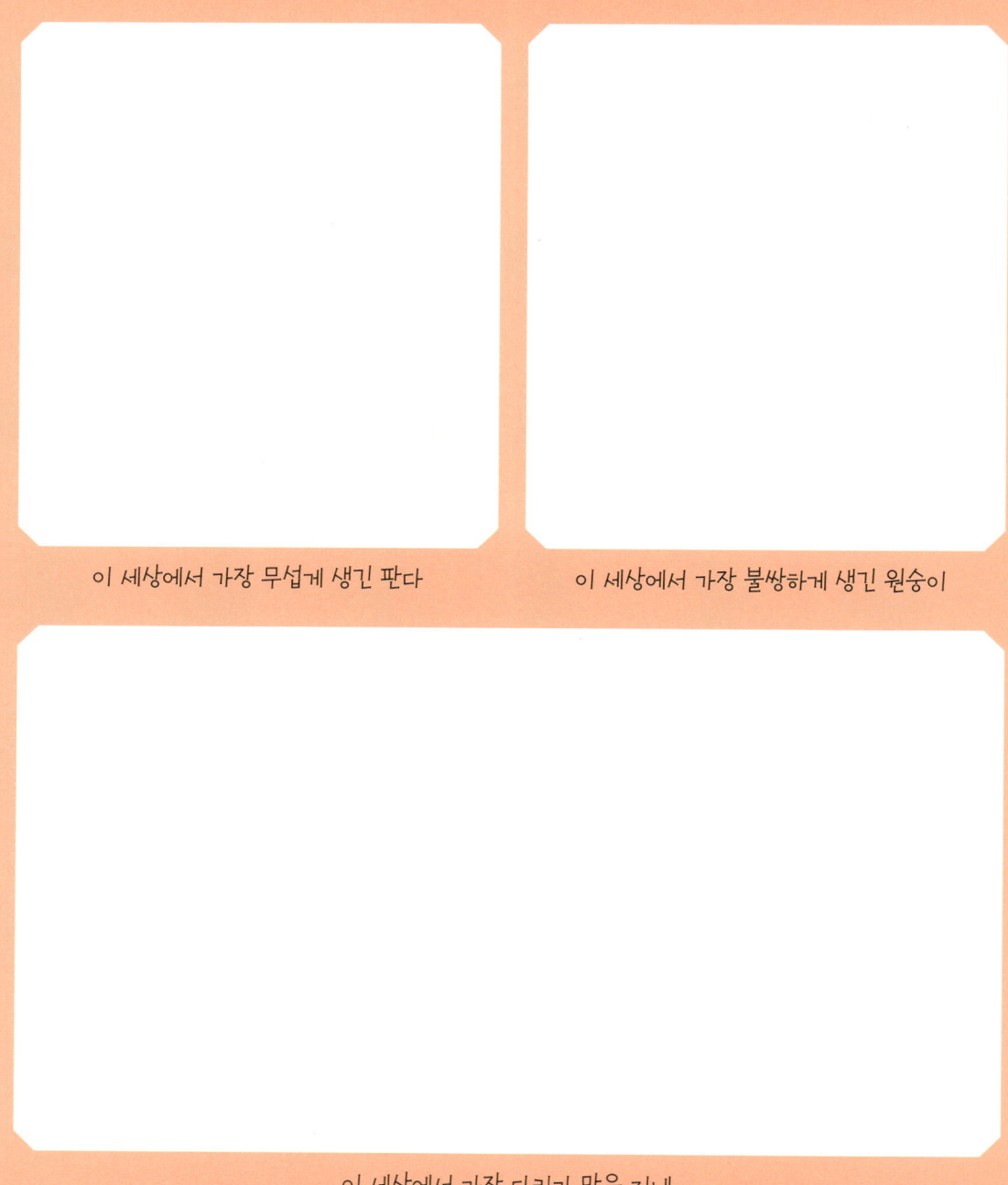

이 세상에서 가장 무섭게 생긴 판다

이 세상에서 가장 불쌍하게 생긴 원숭이

이 세상에서 가장 다리가 많은 지네

이 세상에서 가장 용감한 쥐

이 세상에서 가장 높이 뛰는 강아지

이 세상에서 가장 입이 작은 악어

쉬었다 가는 페이지

창의력의 가장 큰 적은 우리 마음속에 도사리고 있는 두려움이에요. 우리는 누구든지 두려움이라는 몬스터를 한 마리씩 키우고 있답니다. 특히 엄한 교육을 받으며 자란 사람일수록 몬스터는 더욱 크고 무서운 놈으로 자라납니다. '실수를 하면 벌을 받는다' 라는 생각, 그리고 '다른 사람이 나를 비난하거나 싫어하면 어떻게 하지?' 라는 생각이 강할수록 새로운 모험보다는 안전한 선택을 하게 되고 자유로운 생각과 행동에 대한 두려움이 커지게 되는 거죠.

여러분이 어렸을 때 마음속에 자리를 잡은 몬스터는 거의 평생 동안 여러분을 억누르며 눈과 귀를 막고 창의력의 싹이 자라나지 못하게 방해를 합니다. 성적이 떨어질까 봐, 칭찬을 받지 못할까 봐, 걱정이 심해지면 그 걱정들이 쌓여서 두려움이라는 몬스터로 변하게 됩니다. 때로는 IQ가 뛰어난 사람일수록 그런 두려움이 많아서 머리는 좋지만 창의력은 형편없이 떨어지는 사람이 되고 말죠.

그래서 창의력에는 반드시 용기가 필요해요. 누가 뭐라고 해도 자신을 씩씩하게 드러내고 옳다고 믿는 주장은 굽히지 않는 용기로 몬스터를 물리쳐야 해요. 결코 쉬운 일은 아니지만 아주 조금씩 자신만의 목소리를 내는 연습을 하세요. 가장 좋은 연습은 그림 그리기예요.

내가 그린 그림은 나의 일부이고 세상에 나를 드러내는 또 다른 방식이거든요. 끊임없이 끄적이고 스케치하다 보면 내 자신에 대한 두려움이 사라지고 그 자리에는 자신감이 자리를 잡게 된답니다.

지금까지 여러 문제를 해결하며 창의력을 쑥쑥 키워 왔으니 간단하게 테스트를 해 볼까요?
32개의 동그라미 그림을 해결하는 데 걸린 시간을 재 보세요.

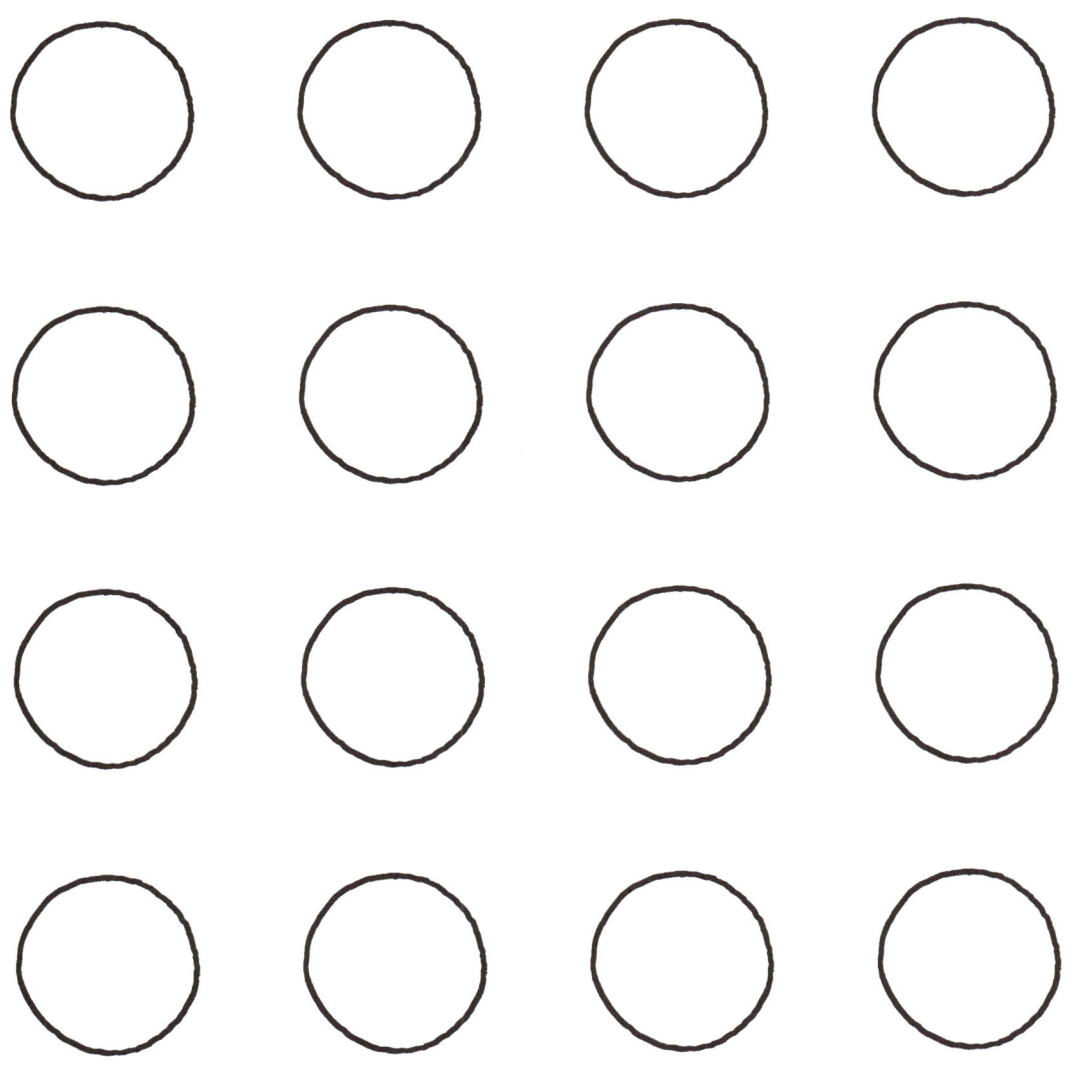

30분 이내에 몇 개의 그림을 그렸나요? 만약 다 그렸다면 순발력이 상당한 친구군요.
한 번만 해 보지 말고 한 번은 빠르게, 한 번은 천천히, 또 한 번은 기발하게! 여러 번 도전해 보세요!

같은 방식으로 문제를 풀면서 시간을 체크해 보세요.

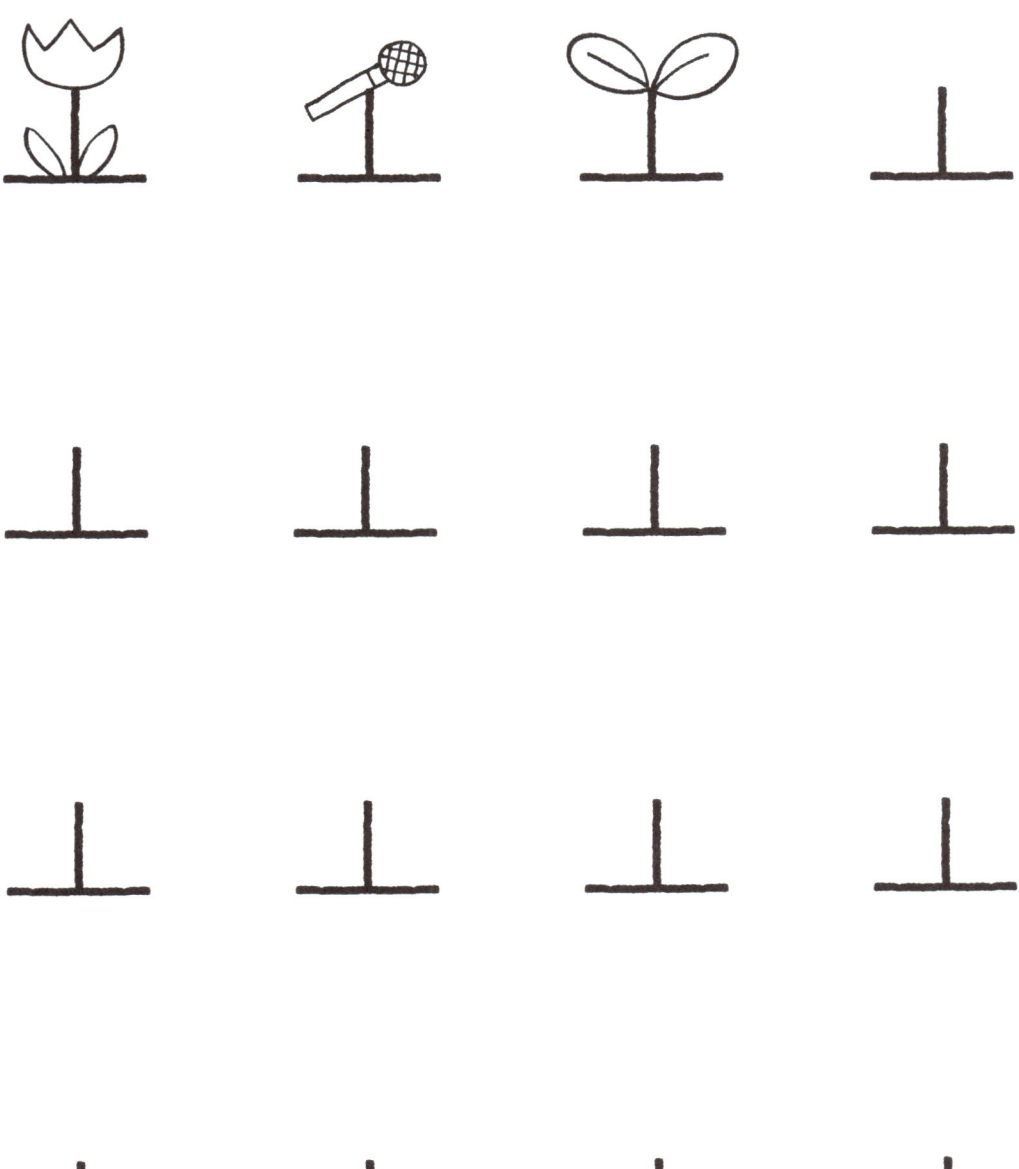

① 같은 방식으로 한 번 더 도전하세요. 창의력 + 순발력 + 집중력 테스트!

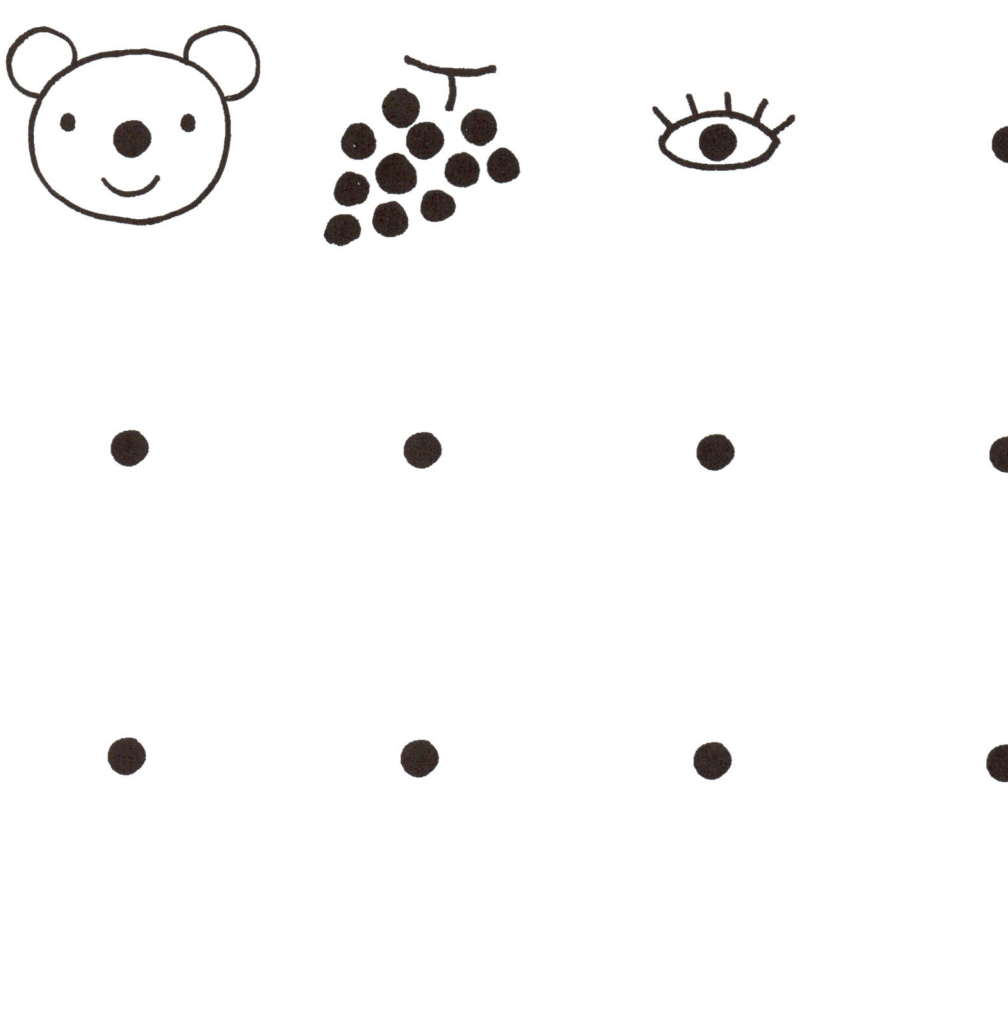

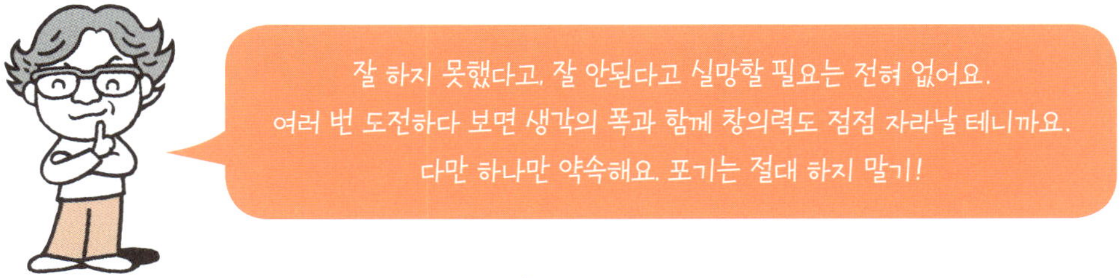

잘 하지 못했다고, 잘 안된다고 실망할 필요는 전혀 없어요.
여러 번 도전하다 보면 생각의 폭과 함께 창의력도 점점 자라날 테니까요.
다만 하나만 약속해요. 포기는 절대 하지 말기!

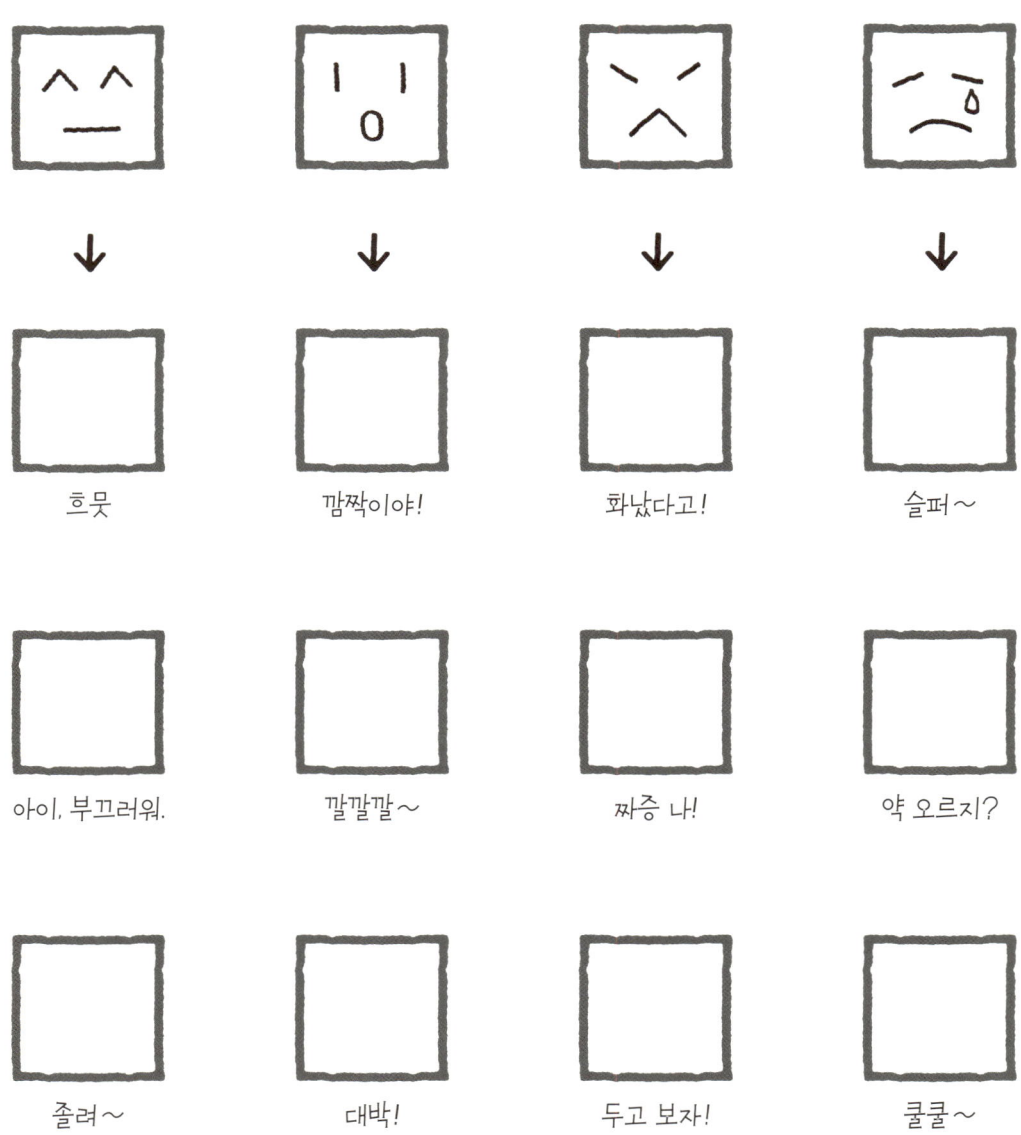

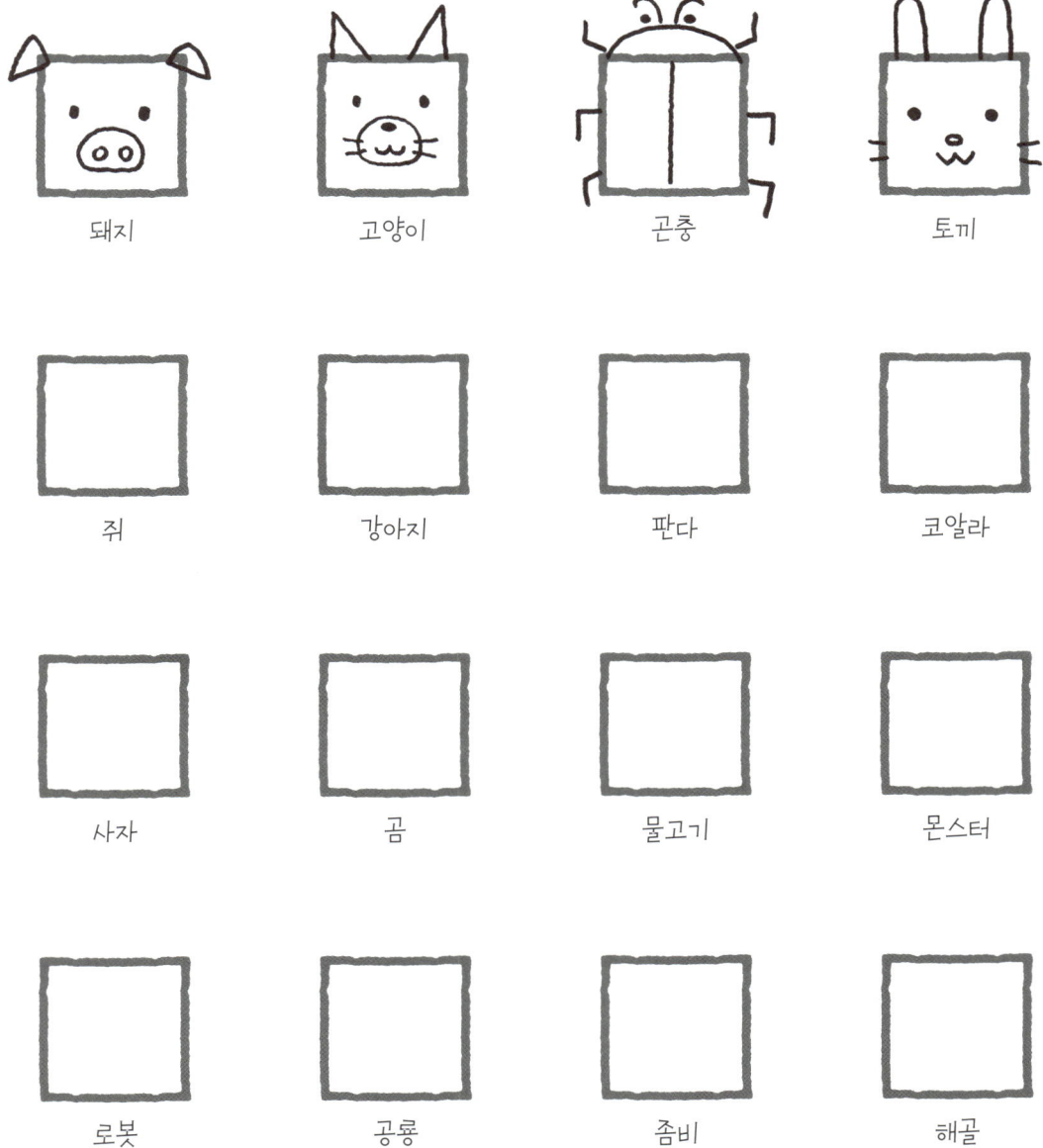

빈 칸에 들어갈 알맞은 말을 한 줄로 짧게 써 보세요.

나는 똑똑하다!

왜냐하면

나는 잘 생겼다!

왜냐하면

나는 잘 그릴수 있다!

왜냐하면

나는 특별하다!

왜냐하면

나는 포기하지 않는다!

왜냐하면

나는 창조적인 사람이다!

왜냐하면

나는 어디서든 꼭 필요한 사람이다!

왜냐하면

나는 행복하다!

왜냐하면

내가 좋아하는 것 다섯 가지를 써 보세요. (구체적으로)

1
2
3
4
5

숨기고 싶은 나의 단점 다섯 가지를 써 보세요. (부끄러워하지 말고)

1
2
3
4
5

앞으로 내가 꼭 하고 싶은 일 다섯 가지를 써 보세요.(남들과 다르게)

1
2
3
4
5

앞으로 내가 꼭 가보고 싶은 곳 다섯 군데를 써 보세요.(자세하게)

1
2
3
4
5

토끼가 생일을 맞아 친구에게 커다란 선물을 받았어요.

그런데 토끼는 선물 상자를 열어 보고 깜짝 놀랐어요. 상자 안에는 무엇이 들어 있을까요?

내가 결코 받고 싶지 않은 선물 다섯 가지를 써 보세요. (자세하게)

1
2
3
4
5

그렇다면 꼭 받고 싶은 선물 다섯 가지를 써 보세요. (이유까지)

1
2
3
4
5

지금 내가 갖고 있는 것 가운데 가장 쓸모없는 세 가지를 골라 책상 위에 올려놓고 스케치해 보세요.

방금 그렸던 것들을 앞뒤를 뒤집어서 다시 한 번 그려 보세요.

글씨를 그려 보세요. 빈 상자 안에 아래 보기의 반대말을 그리되
글씨의 의미가 잘 드러나도록 그려야 해요.

글씨에서 속도감이 느껴지려면 어떻게 그려야 할까요?
곰곰히 생각해 보고 그려 보세요.

계속해서 글씨 그리기에 도전해 보세요.

모래

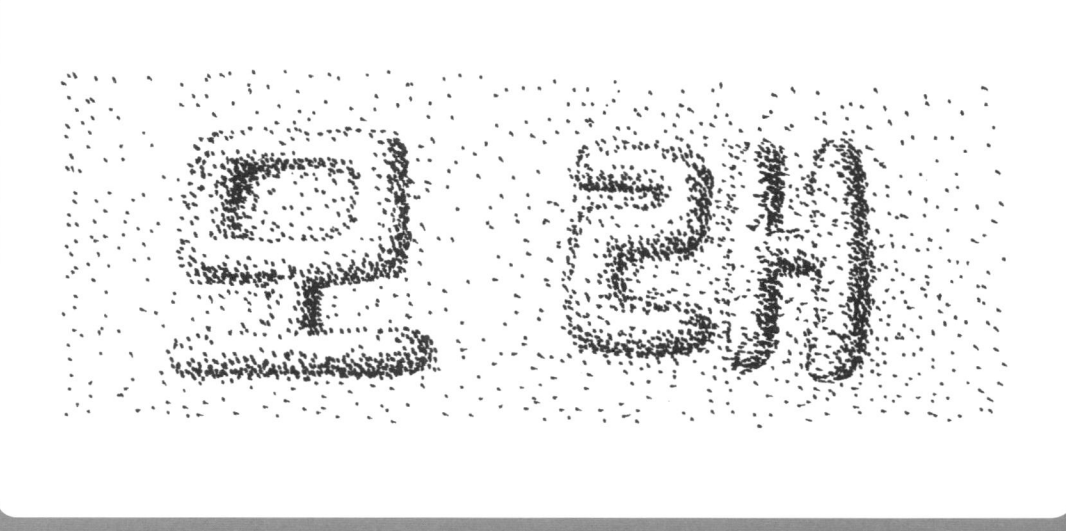

자갈

연습장에 여러 번 스케치해 보고 가장 마음에 드는 것을 골라 그려 보세요.

선인장

나뭇가지

글씨 그리기에서 가장 중요한 것은 '느낌' 이죠. 느낌을 잘 살려 그려 보세요.

꼬불꼬불

반듯반듯

물렁	단단

납작	길쭉

데칼코마니 위에 괴상한 그림을 그려 보세요.

나하고 비슷한 것 같기도 하고….

잉크 자국으로 무시무시한 벌레 몬스터를 그려 보세요.

마지막으로 창의력 왕이 된 자신의 얼굴을 그려 보세요.

예술가처럼 생각하는 열 가지 방법

창의력의 대가라고 할 수 있는 뛰어난 예술가들은 생각하는 방법이 평범한 사람과는 달라요. 생각이 새롭지 않거나 보통 사람과 같으면 예술가로 살아갈 수 없으니까요. 여러분도 예술가처럼 생각하는 습관을 익힐 수 있다면 창의력의 대가가 될 수 있어요. 잘 읽어 보고 꼭 따라 해 보세요!

1. 자세히 들여다보며 천천히 걷기
2. 보잘것없는 것에 관심을 기울이거나 수집하기
3. 익숙한 길보다는 낯설고 잘 모르는 길로 가 보기
4. 눈에 보이는 모든 것을 살아있다고 생각하기
5. 눈에 보이는 모든 것을 재미있다고 생각하기
6. 흥미가 있다고 생각되면 끝까지 파헤치기
7. 모든 사람이 좋아하는 것은 좋아하지 않기
8. 서로 다른 것을 연결하고 공통점 찾기
9. 냄새를 맡고 만지며 느껴 보기
10. 무엇이든 적어 보고 스케치하기

'김충원 창의력 발전소'의 김충원 선생님은
서울대학교와 서울대학교 대학원을 졸업하였습니다. 선생님은 지난 30여 년 동안 250여 권이 넘는 미술과 창의력에 대한 책을 펴낸 작가이자 화가이고, 다양한 문화 콘텐츠 개발자인 동시에 대학에서는 디자인과 드로잉을 가르치는 교수로서 다양한 분야의 실험적이고 창의적인 일들을 하였습니다. 최근에는 '김충원 아트스쿨'을 설립하였으며, 미술과 창의력에 대한 더욱 깊이 있는 연구와 드로잉 강좌, 그리고 새로운 방문 미술 교육 콘텐츠 개발에 온 힘을 기울이고 있습니다.
김충원 선생님 저서로는 〈김충원 미술교실〉, 〈어린이 스케치 노트〉, 〈똑똑한 놀이책〉, 〈스케치 쉽게 하기〉, 〈5분 스케치〉, 〈이지 드로잉 노트〉 등 다양한 미술 도서 시리즈가 있습니다.

1쇄 – 2015년 3월 31일 | 5쇄 – 2021년 5월 20일
글·그림 – 김충원 창의력 발전소 | 발행인 – 허진 | 발행처 – 진선출판사(주)
편집 – 김경미, 이미선, 권지은, 최윤선 | 디자인 – 고은정, 구연화 | 총무·마케팅 – 유재수, 나미영, 김수연, 허인화
주소 – 서울시 종로구 삼일대로 457 (경운동 88번지) 수운회관 15층 전화 (02)720-5990 팩스 (02)739-2129
홈페이지 www.jinsun.co.kr 등록 – 1975년 9월 3일 10-92 | ISBN 978-89-7221-899-9 64650 ISBN 978-89-7221-898-2 (세트)
※책값은 뒤표지에 있습니다. ⓒ 김충원, 2015

진선아이는 진선출판사의 어린이책 브랜드입니다.
마음과 생각을 키워 주는 책으로 어린이들의 건강한 성장을 돕겠습니다.